近代人文社会科学译著 8

熊月之 主编

上海科学技术文献出版社
Shanghai Scientific and Technological Literature Press

图书在版编目（CIP）数据

近代人文社会科学译著．8 / 熊月之主编．—上海：上海科学技术文献出版社，2021
ISBN 978-7-5439-8270-3

Ⅰ．① 近… Ⅱ．①熊… Ⅲ．①社会科学—西方国家—近代—文集 Ⅳ．① C53

中国版本图书馆 CIP 数据核字 (2021) 第 016814 号

策划编辑：张　树
责任编辑：王　珺
封面设计：留白文化

近代人文社会科学译著．8
JINDAI RENWEN SHEHUI KEXUE YIZHU. 8
熊月之　主编
出版发行：上海科学技术文献出版社
地　　址：上海市长乐路 746 号
邮政编码：200040
经　　销：全国新华书店
印　　刷：常熟市人民印刷有限公司
开　　本：889mm×1194mm　1/32
印　　张：14.625
版　　次：2021 年 3 月第 1 版　2021 年 3 月第 1 次印刷
书　　号：ISBN 978-7-5439-8270-3
定　　价：148.00 元
http://www.sstlp.com

近代人文社會科學譯著選輯（1807—1919）序言

熊月之

一

人文社會科學，包含人文學科與社會科學兩類。〔一〕

〔一〕人文學科之所以稱『學科』而不稱『科學』，因爲通常所説的科學（science），主要指以物爲研究對象、可以通過實驗進行驗证的自然科學，而人文學科則以人爲研究對象，具有個別、私人、主觀性質，無法驗证。自然科學與人文學科處於比較的兩端，差异較大，而社會科學與自然科學之間，差异較小，且在取向、知識生産模式、研究方法等方面，較爲接近。人文學科與自然科學的區别，也表現在分析和解釋方向：自然科學從多樣性、特殊性、復雜性、偶然性走向統一性、一致性、簡單性和必然性；相反，人文學科則突出獨特性、意外性、復雜性和創造性。它們屬於不同的思維能力，使用不同的概念、不同的語言形式進行表達。自然科學是理性的産物，使用事實、規律、原因等概念，並通過客觀語言溝通信息；人文學科是想象的産物，使用現象與實在、命運與自由意志等概念。所以稱『學科』而不稱『科學』，更爲突出人文學科的特質。參見《簡明不列顛百科全書》（第6卷），北京：中國大百科全書出版社，1986年，第761頁；李醒民《知識的三大部類：自然科學、社會科學和人文學科》，《學術界》2012年第8期。

學科分類在不同歷史時期、不同語境下並不相同，標準、方法也見仁見智。近代以來，學術界逐漸傾向於將人類知識分爲三大部類，即自然科學、社會科學與人文學科。自然科學以自然即客觀的物質世界作爲研究對象，包括數學、物理學、化學、天文學、地學（地理學、地質學、氣象學）與生物學等；社會科學以人類社會作爲研究對象，涵蓋經濟學、政治學、法學、社會學、行政學、教育學、倫理學等；人文學科以人爲研究對象，探尋人的生存及其意義、人的價值及其實現，涉及語言學、文學、歷史學、哲學、藝術等。

本書選輯起止時間爲1807—1919年。

衆所周知，中國近代史的起止時間，亦即中國近代史的研究對象，是從1840—1949年，因爲這百餘年的中國，是相對完整的近代形態，是一個完整的歷史時期。但是，近代西方人文社會科學在中國翻譯、傳播的歷史，與中國近代歷史的進程並不完全同步。

首先，起步更早。1807年，基督教新教傳教士、英國人馬禮遜來到澳門，然後進入廣州，拉開新一輪西學傳播序幕。稍後英國傳教士米憐、德國傳教士郭實臘等，絡繹東來。他們在馬六甲、新加坡、巴達維亞等地，開學校，辦印刷所，在當地華僑中傳播西學。他們所出版的涉及人文社會科學知識的書籍雖然不很多，但這些西學知識，與鴉片戰爭以後傳入中國的西學知識屬於統一整體，也是後者之先聲。

其次，心態轉變也早。近代中國讀書人、思想界對於以歐美爲中心的西方人文社會科學，有個從仰視到平視的轉變過程，其轉折點便是第一次世界大戰。1914—1918年，發生在帝國主義國家之間的世界大戰，有三十多個國家、15億人口卷入，傷亡人員三千萬，經濟損失難計其數。這一殘酷現實，讓中國讀書人、思想界明白，西方科學並不萬能，人類社會的演變，並不總是沿着進步的方向直綫上昇。巴黎和會上西方列强對於中國主權的無視與陵轢，更讓中國人明白，世界上並不存在什麽平等對待弱者的『公理』。這種世界性的倒退與不公，促使東西方有識之士更加深刻地思考人類的未來，更加理性地思考東西方文化的價值。此後，西方人文社會科學在中國讀書人、思想界那裏，盡管仍然是最爲重要的文化資源之一，但已從至高無上的峰頂跌落下來，成爲與東方文化等量齊觀的一端。

這是本書將下限斷爲1919年的主要原因。

二

在介紹近代西方人文社會科學在中國傳播之前，有必要先回溯一下明末清初那段時間這方面的情況。

明末清初，利瑪竇、艾儒略、南懷仁等耶穌會傳教士編寫，或與徐光啓、李之藻、楊廷筠等人合譯的一批西學書籍，其中有十多部較多涉及人文社會科學內容，如《西國記法》（1595）、《職方外紀》（1623）、《西學凡》（1623）、《靈言蠡勺》（1624）、《西儒耳目資》（1625）、《治平西學》（約1629）、《修身西學》（1630）、《名理探》（1631）、《童幼教育》（1632）、《西方問答》（1637）、《齊家西學》（崇禎年間）、《坤輿全圖》與《坤輿圖説》（1674）、《窮理學》（1683）等，這些書對歐洲的哲學、政治學、經濟學、教育學、文學、歷史學、地理學等方面的知識有所介紹。

比如，傅汎際和李之藻合譯《名理探》，介紹了『愛知學』即哲學的含義。南懷仁編《窮理學》，介紹邏輯學的功用，稱窮理學『爲百學之宗』，爲『訂非之磨勘，試真之礪石，萬藝之司衡，靈界之日光，明悟之眼目，義理之啓鑰，爲諸學之首需者也。』[一]高一志著《治平西學》，爲最早漢譯西方政治學著作，分別從王公、群臣、兆民的行爲準則，説明何者爲宜、何者應戒，還介紹了世界上的三種政體形式：『一曰一人且王之政；二曰數人且賢之政；三曰衆人且民之政是也。』[二]艾儒略譯《職方外紀》，對歐洲教育制度包括學制、課程設置、考試方式均有所介紹。高一志著《修身西學》，述及西方倫理學知識，包括修身目的、修身憑藉與修身方法，主旨在於指明人類通過修德以確保自身行動的善，從而獲得美好，達到幸福境界。天啓年間出版的《況義》，是《伊索寓言》在中國傳播的第一個譯本。

明末清初西方人文社會科學在中國的傳播，傳播主體是利瑪竇等傳教士，中國學者徐光啓等參與譯述潤色，所傳內容從總體上説，比較零碎，不成系統，所譯編成書籍印數較少，傳播範圍較小，很多內容只是在少量學者中流傳。但是，他們所傳許多知識，開啓了近代西學東漸的先河，如地圓説、五大洲説、腦主記憶説；所創譯的諸多名詞，也被近代沿用，如亞細亞、歐羅巴、大西洋、地中海、自鳴鐘、天主等。他們以『理學』翻譯哲學，一度被近代學者沿用。

〔一〕南懷仁：《進呈窮理學書奏》，徐宗澤：《明清間耶穌會士譯著提要》第192頁，中華書局，1989年。

〔二〕高一志：《治平西學》，載黃興濤、王國榮編《明清之際西學文本》第2册，中華書局，2013年，第614頁。

三

近代西方人文社會科學在中國翻譯、傳播的歷史，可以分爲五個階段，即 1807—1842 年、1843—1860 年、1861—1900 年、1901—1911 年、1912—1919 年。

第一階段，從 1807 年至 1842 年。

17 世紀末 18 世紀初，因宗教禮儀問題，在清朝政府與羅馬教廷之間、中國耶穌會與羅馬教廷之間、耶穌會與其他天主教會之間，出現嚴重分歧。羅馬教廷要求在華天主教徒不得祭祖、不得拜孔。康熙皇帝表示，中國祭祖敬孔，不過是一種崇敬的禮節，並無宗教性質，如果來華西人，不能像利瑪竇那樣對祭祖敬孔持尊重態度，斷不準在中國居留、傳教。雙方交涉多次，不得要領。1717 年（康熙五十六年），康熙皇帝下令禁止天主教在華活動。此後，天主教在華再次步入低谷。雍正、干隆等朝，又相繼頒佈禁止天主教的命令。1773 年（干隆三十八年），因宗教内部紛争，羅馬教廷下令解散耶穌會，兩年後命令傳到中國，耶穌會正式解散。至此，自晚明開始在中國活動二百年的耶穌會，終於告一段落。西學傳播的細流亦因此截斷。

1807 年，英國基督新教傳教士馬禮遜，受倫敦會委派，從英國經美國輾轉來到澳門，進入廣州，以後在廣州、澳門及南洋各地，進行傳教與西學傳播活動。稍後，英國傳教士米憐、楊威廉，美國傳教士裨爲仁、雅裨理、裨治文，德國傳教士郭實臘等，絡繹東來。他們在馬六甲、新加坡、巴達維亞等地，開學校，辦印刷所，出版《聖經》等宗教讀物，也在當地華僑中傳播西學。所出版的涉及人文社會科學方面的書籍有十來種，包括《生意公平聚益法》(1818)、《西游地球聞見略傳》(1819)、《地理便童略傳》(1819)、《東西史記和合》(1829)、《大英國統志》(1834)、《美理哥合省國志略》(1838)、《古今萬國綱鑒》(1838)、《萬國地理全集》(1838)、《制國之用大略》(1839)、《貿易通誌》(1840)，所出版刊物《察世俗每月統記傳》(1815—1821)《特選撮要每月紀傳》(1823—1826)《東西洋考每月統記傳》(1833—1838)》，都含有豐富的西方經濟學、歷史學、地理學知識。

比如，《生意公平聚益法》，介紹人們相互之間進行貿易應該遵循的基本法則，《地理便童略傳》對世界主要地區與國家均有介紹，對英國、美國政治制度、司法制度介紹較爲具體。《古今萬國綱鑒》，凡244頁，分20册，是鴉片戰爭以前介紹世界歷史知識最爲詳盡的一部書。《貿易通誌》較爲翔實地介紹了西方的商業制度，魏源在《海國圖志》中，對許多國家的貿易、商業的介紹資料採自此書。《大英國統志》《美理哥合省國志略》分別翔實地介紹了英國、美國的國情。

再如，《察世俗每月統記傳》所載《論有羅巴列國》《論亞西亞列國》《論亞非利加列國》《論亞默利加列國》《法蘭西國作變復平略傳》等文，介紹歐洲、亞洲、美洲等地地理、歷史知識，介紹了法國的歷史。還在1821年，便介紹了剛剛立國45年的美國，稱其面積寬大，盛産各物，港口衆多，人口增加很快，且有智有力，預料其日後必爲美洲最大國家。[一]《東西洋考每月統記傳》所載《通商》《貿易》《公班衙》等文，

〔一〕《論亞默利加列國》，《察世俗每月統記傳》卷七，道光元年。

介紹西方通商理論，認爲通商貿易對商人、人民、國家都有好處，强調通商貿易要篤實誠信，不可食言行騙。

鴉片戰争以前，中國還没有被英國打敗過，中西關係還比較平等，傳教士在介紹西方情況時，心態還不是那麽傲慢，所以，行文常用對話體，以中國人習慣的説書形式出現。爲了迎合中文讀者心理，作者論述問題，每每先引一段中國古代聖賢的語録或故事，然後進行中西比較，説明東方西方，心同理同。這種表達方式，類似於明末清初耶穌會士，而不同於鴉片戰争以後傳教士那種居高臨下姿態。

第二階段，從1843年至1860年，即五口通商時期。

在1840年至1842年的中英鴉片戰争中，清朝政府戰敗，被迫與英、美、法等國簽訂不平等的《南京條約》、《望厦條約》和《黄埔條約》，被迫割讓香港給英國，開放廣州、福州、厦門、寧波、上海作爲通商口岸，允許外國人在這些口岸傳播宗教、開設學堂、開辦醫院。於是，傳教士便將活動基地從南洋遷到中國東南沿海，開始了晚清西學傳播史上的新階段。這一階段，通商口岸成爲傳播基地。此前，傳教士的活動局限於南洋一帶，西學書刊雖亦能傳至中國大陸，其所辦學校中也有華人，但畢竟水路迢迢，對中國内地影響有限。五口通商後，麥都思、雅裨理、慕維廉、艾約瑟等傳教士以這些地方爲基地，辦學校，出書刊，進行各種西學傳播活動，東南沿海遂成中國率先接受西學影響的地區。傳教士所出版《聯邦志略》(1846)、《格物窮理問答》(1851)、《地理全志》(1853)、《大英國志》(1856)、《地球説略》(1856)、《地理略論》(1859)等書籍，《中西通書》(1853—1860年鑒)、《遐邇貫珍》(1853—1855)、《六合叢談》(1857—

1858）等雜誌，包括豐富的歷史學、地理學、經濟學知識，也有一些哲學、文學知識。

比如，《遐邇貫珍》所載《花旗國政治制度》一文，不但介紹了美國的總統選舉制、立法、司法、行政、聯邦及各州之組織，還將英、美政治制度作了比較，認爲各有利弊。再如，慕維廉譯編的《大英國志》與《地理全志》，都是超過三百多頁的大書，前者翔實地介紹了當時世界上最强大的帝國英國的歷史與現實，後者比較宏觀地介紹了世界地理知識。

這一時段，傳教士忙於在通商五口進行傳教活動，出版宗教讀物繁多，所出人文社會科學書籍較少，十來種而已，但是這些書刊在中國士紳中還是産生了比較廣泛而重要的影響。魏源編《海國圖志》，廣泛徵引了《地球圖説》等西書；徐繼畬撰《瀛寰志略》，直接得益於雅裨理等人的西書資料；王韜、管嗣復參加了一些西書與雜誌的譯編，受到這些知識的深刻影響。王韜日後出版《西學輯存六種》，頗得益於他在墨海書館協助偉烈亞力等人的西學熏陶，管嗣復則將其西學知識轉述給其老師馮桂芬，促成馮桂芬名著《校邠廬抗議》的誕生。《聯邦志略》《地理全志》《地球説略》等書還傳到了日本，並有日譯本行世。

第三階段，1860年至1900年。

1856年至1860年，英國、法國在美國、俄國等支持下，發動了侵略中國的第二次鴉片戰爭。中國再次慘敗。侵略者逼迫清朝政府先後簽訂了《天津條約》（1858）、《北京條約》（1860）等一系列不平等條約。通過這些條約，外國侵略者從中國勒索了大筆戰争賠款，取得了一系列侵略特權。其中，與西學傳播密切相關的有：一、增開11個通商口岸，即天津、牛莊、登州、臺南、潮州、瓊州、鎮江、南京、九江、漢口、淡水。後來實際開埠時，牛莊改爲營口，登州改爲煙臺，潮州改爲汕頭。條約規定，外國人可以在這些通商口岸居住、賃房、買屋、租地起造禮拜堂、醫院、墳塋等。二、傳教自由。三、外國人可到中國内地各處遊歷、通商，中國政府應提供方便。四、開放長江。這樣，加上先前割讓的香港，開放的五口，中國被迫對外開放的城市達17個。外國人可以在南起廣州、厦門，中經上海、煙臺，北至天津、營口，東起上海、南京，沿江西上，直到中國内地，這樣廣闊的範圍裏自由活動。其結果，加强了西方列强對中國的政治侵略、經濟掠奪，也便利了他們對中國的文化滲透。

在清政府方面，以咸豐皇帝去世、辛酉政變發生、慈禧太后掌權爲轉折點，中國對外對内政策有了重大調整。總理各國事務衙門的設立，京師同文館、上海廣學會的創辦，以學習西方堅船利砲、聲光化電爲重要内容的洋務運動的開展，江南製造局等機構的設立，中國向歐洲、美洲與日本等地駐外使臣的派出，聖約翰大學等衆多教會學校的創辦，都對西學傳播産生了重要影響。1894年發生的中日甲午戰争，中國再次慘敗，激起變法思潮高漲，維新運動發生，更推動了西學傳播的高漲。

這一階段，譯介西學方面，有兩支力量同時發力，即清政府官辦機構與教會機構，前者以京師同文館、江南製造局翻譯館爲其著者，後者以設在上海的以基督新教傳教士爲主的廣學會最爲突出，天主教耶穌會設立的土山灣印書館也貢獻甚多。

這一階段，所出版的人文社會科學譯著，數量較前大爲增多，約130種，超過以往約三百年所出同類書籍總數。內容也更加厚實系統，有適應瞭解國際形勢與外國情況需要的《萬國公法》(1864)、《歐洲史略》(1886)、《希臘志略》(1886)、《羅馬志略》(1886)、《四裔編年表》(1874)、《萬國史記》(1880)、《法國律例》(1880)、《萬國通鑒》(1882)、《八星之一總論》(1892)、《各國交涉公法論》(1898)、《歐羅巴通史》(1900)等；有介紹外交常識的《星軺指掌》(1876)、《公法便覽》(1877)、《公法會通》(1880)；有介紹西方歷史、哲學、經濟學基礎知識的《佐治刍言》(1885)、《西學略述》(1886)、《辨學啓蒙》(1886)、《富國養民策》(1886)、《地球一百名人傳》(1898)；有適應變法需要、介紹外國變法的書籍《自西徂東》(1884)、《列國變通興盛記》(1894)、《泰西新史攬要》(1895)、《文學興國策》(1896)；有爲變法運動提供理論支撑的《天演論》(1898)、《民約通義》(1898)；有爲教育變革提供學術資源的《西國學校》(1873)、《肄業要覽》(1882)、《七國新學備要》(1888)、《教育學綱要》(1899)；有合哲學與心理學爲一體的《心靈學》(1889)、《治心免病法》(1896)。《格致匯編》刊載傅蘭雅所作的《混沌説》(1877)，概略地叙述了當時中國還不大有人瞭解的生物進化論觀點。廣學會出版的李提摩太翻譯的《百年一覺》(1894)，原爲美國空想社會主義小説，影響極廣。同爲廣學會出版的《大同學》(1899)，第一次向中國人介紹了馬克思及其學説。

第四階段，1901年至1911年。

1898年的戊戌政變，1900年的八國聯軍侵略中國之役，使清朝政府的威信跌到最低點，中國國際、國内形勢均發生巨大變化。一方面，愛國人士、知識分子失望到極點，革命風潮因之而生，留日熱潮驟然而起。另一方面，清政府實行新政，鼓勵工商，廢除科舉，改革學制，繼而宣佈預備立憲。這兩方面都亟需西學（新學）資源。在這兩方面因素的共同作用下，西方人文社會科學在中國的傳播，呈井噴之勢，從内容到方式、從數量到質量都有巨大變化。

此前，西學知識主要由翻譯英、法等西書而來。1900年以後，由日本轉口輸入西學數量急劇增長，日本成爲西學輸入主要來源地。從1900年到1911年，中國通過日文、英文、法文共譯各種西書至少有1599種〔一〕，遠遠超過此前90年中國譯書的總數。從1902年至1904年，共譯西書533種，其中日文書籍達321種，占總數的60%。

在繁多的中譯西書中，人文社會科學比重加大。以1902年到1904年爲例，三年共譯文學、歷史、哲學、經濟、法學、政治學等人文社會科學書籍327種，占譯書總數的61%。同期翻譯自然科學書籍112種，應用科學56種，分别只占譯書總量的21%和11%。〔二〕所占比重從多到少的順序爲人文社會科學→自然科學→應用科學，與之前幾十年的情形正好相反。京師大學堂從1898年到1911年翻譯、出版西學教科書有六十餘部一百多册，其中人文社會科學類占62%。〔三〕這表明當時西學輸入的重心，已從器物技藝等物質文化層面轉到思想、學術等精神文化層面。

〔一〕見拙著：《西學東漸與晚清社會》（修訂本），中國人民大學出版社，2011年，第11頁。

〔二〕以上數據均見拙著：《西學東漸與晚清社會》（修訂本），第11頁。

〔三〕範軍：《歲月書痕》，華中師範大學出版社，2017年，第165頁。

就内容而言，這一階段所譯人文社會科學書籍，舉凡哲學、文學、歷史、經濟、法學、政治學等各學科，都有頗成規模的系統譯作。

哲學方面，概論性譯作就有9部，如井上圓了著、羅伯雅譯《哲學要領》（1902），德國科培爾著、下田次郎述、蔡元培譯《哲學要領》（1903），井上圓了著、王學來譯《哲學原理》（1903）；邏輯學譯作18部，如楊蔭杭譯《名學》（1902），清野勉著、林祖同《論理學達指》（1902），十時彌著、田吳炤譯《論理學綱要》（1902）、嚴復譯《穆勒名學》（1905），大西祝著，胡茂如譯《論理學》（1906），英國耶方斯著、王國維譯《辨學》（1908），法國孟德福著、李問漁譯《名理學》（1908）。其他哲學著作（含哲學家介紹、各國哲學、哲學史）9部，如蟹江義丸著、範迪吉等譯《西洋哲學史》（1903）、姉崎正治著、範迪吉等譯《宗教哲學》，井上圓了著、蔡元培譯《妖怪學講義録（總論）》（1906）；心理學譯作21部，如元良勇次郎著、王國維譯《心理學》（1902），長尾槙太郎著、蔣維喬譯《心理學》（1906）等；倫理學譯作10部，如元良勇次郎著、麥鼎華譯《倫理學》（1902）、德國泡爾生著、蔡元培譯《倫理學原理》（1909）；教育學46部，如立花銑三郎述、王國維譯《教育學》（1901），能勢榮著、葉瀚譯《泰西教育史》（1901）。清末一度流行哲學救國論，一批學者認爲救國應先救其人，救人應先救其心，救心應先救其學，而救學則應從譯介西方哲學始。因此，舉凡古希臘、羅馬哲學，西方近代哲學，以及重要哲學家生平及其學説，幾乎無一不被譯介。

文學作品翻譯更是繁盛一時，内以小説最多。據研究，從1901—1911年，中國共翻譯域外小説547

部，散文集22部，戲劇1種〔一〕。對英、美、法、俄、德、日、荷蘭、奥地利、瑞士、希臘等國文學作品均有翻譯，内以英、法、日三國最多。英國的莎士比亞、笛福、斯威夫特、哈葛德、柯南道爾、司各特、哈代、拜倫、狄更斯、斯蒂文森等，法國的小仲馬、雨果、大仲馬、朱力士、迦爾威尼，美國的斯土活夫人、布萊特夫人等人作品都有翻譯。譯自英國的，僅林紓就與人合譯哈葛德《迦因小傳》和《鬼山狼俠傳》等20種、柯南道爾《歇洛克奇案開場》等7種、司各特《撒克遜劫後英雄略》等3種、斯蒂文森《新天方夜譚》等。同是柯南道爾作品，就有周桂笙、林紓和魏易、陳家麟、包天笑等人投入翻譯。譯自法國的有，林紓與他人合譯的《巴黎茶花女遺事》《路史》，薛紹徽譯的《八十日環遊記》，包天笑譯的《鐵世界》，朱樹人譯的《穡者傳》和《冶工軼事》，陳春生譯的《獄中花》，梁啓超等譯的《十五小豪杰》，魯迅翻譯的凡爾納小説《月界旅行》。從1899年到1911年，從日本翻譯過來的小説有55種，其中1907年就翻譯了11部，内有《佳人奇遇》《經國美談》《謀色圖財記》《美人島》《世界一周》等。〔二〕

歷史學方面，比較重要的有102部，其中通史14部，如作新社出版的《萬國歷史》(1902)、支那翻譯會社的《萬國史綱》(1903)、杭州史學齋的《萬國史要》(1903)、上海通社的《世界通史》(1903)、山西

〔一〕鄧集田：《中國現代文學的出版平臺——晚清民國時期文學出版情況統計與分析(1902—1949)》，華東師範大學博士論文，2009年，第502—512頁。

〔二〕汪帥東：《晚清日本文學翻譯研究》，《當代外語教育》，2018年，第2輯。

大學堂譯書院的《邁爾通史》（1905）、江楚編譯官書局的《萬國史略》（1906）。其中英國李思倫白著、蔡爾康等譯編的《萬國通史》，規模最爲宏大，凡30卷，相繼於1900、1904、1905年由廣學會出版。地區史、國別史52部，如東亞譯書會《歐羅巴通史》（1900）、金粟齋《西洋史要》（1901）、商務印書館《亞美利加洲通史》（1902）、文明書局的《泰西通史》（1903）等，還有英、美、德、法、日等國歷史。變政史、維新史、獨立史17部，如作新社的《英國維新史》（1903）、文明書局的《佛國革命戰史》（1903）、商務印書館的《美國獨立戰史》（1911），還有關於意大利、菲律賓、希臘、印度等國獨立或變革史。其他專史5部，如開明書店的《近世海戰史》（1903）、文明書局的《世界女權發達史》。人物傳記14部，包括華盛頓、拿破侖、彼得大帝、俾斯麥等個人傳記，還有世界名人、歐洲政治學家、日本維新志士等合傳。

政治學方面，比較重要的譯編有29部，其中政治學概論性的譯作，有高田早苗講述、嵇鏡譯《國家學原理》（1901）、德國伯倫知理原著、梁啓超譯《國家學綱領》（1902），德國那特硜著、馮自由譯的《政治學》（1902）、戢翼翬等譯《那特硜政治學》（1901），市島謙吉著、麥曼蓀譯《政治原論》（1902），美國伯蓋司著、楊廷棟譯《政治學》（1904年以前）；政治學理論譯作有英國斯賓塞著作、楊廷棟譯《原政》（1902），法國盧梭著、楊廷棟譯《路索民約論》（1902），浮田和民著、出洋學生編輯所譯《帝國主義》（1902），西川光次郎著，周子高譯《社會黨》（1902），馬君武譯《彌勒約翰自由原理》（1903），幸德秋水著、中國達識社譯《社會主義神髓》（1903），村井知至著、侯士綰譯《社會主義》（1903），加藤弘之著、陳尚素譯《人權新説》（1903），福井準造著、趙必振譯《近世社會主義》（1903），英國甄克思著、嚴復譯《社會通詮》（1904）

等。介紹各國政治態勢的有《萬國政治叢考》《最新萬國政鑒》《最新萬國政治制度》《萬國國力比較》《歐美政教紀原》《十九世紀末世界之政治》《美國民政考》等。

經濟學方面，1901年至1911年出版譯作23部。其中，嚴復翻譯的《原富》出版，是西方經濟學經典著作首次完整譯出。1902年，《欽定學堂章程》規定，今後學制三年的高等學堂政科，必須設立『理財學』即經濟學課程，這促進了西方經濟學説引進與傳播。此後，楊廷棟編《理財學教科書》、天野爲之著《理財學綱要》、商務印書館出版的田尻稻次郎著《理財學精義》，均列爲中小學理財學教材。1906年至1908年，政治經濟社等機構出版了《公債論》《租税論》《紙幣論》《貨幣論》《財政學》《計學》《比較財政學》等多種屬於經濟學分支的著作。

法學方面，這一階段譯作特多。從1901年至1911年，共譯法學書籍263種[一]，是晚清社會科學中譯書最多的學科。1902年，清廷命沈家本等遴選諳習中西律例司員分任纂輯，延聘東西各國精通法律之博士、律師以備顧問，復調取留學外國卒業生從事翻譯。於是，清政府有計劃地翻譯大量法律書籍。民間譯書機構或出於社會需求，或出於牟利目的，也翻譯了大批法學書籍。從國際公法、國際私法，民法、刑法、民事訴訟法、刑事訴訟法、行政法，應有盡有。不但一般性的介紹法學原理、法學流派、國際法的著作都有介紹，而且各種具體法規法制，如警察學、監獄學，也很豐富。有的同一種著作有多種譯本，

[一] 田濤、李祝環：《清末翻譯外國法學書籍評述》，《中外法學》，2000年，第3期。

單1903年，《國際私法》就有4種譯本，《國法學》有5種譯本，《法學通論》有6種譯本。1904年至1909年，清政府爲適應法律改革需要，由修定法律館主持審定，翻譯了一大批刑法、民法方面的書籍，包括德國、法國、美國、意大利、日本等國刑法、民法多方面具體法規。1906年以後，中國地方自治聲浪日高，與地方自治相關的自治法規、地方性法規書籍翻譯頗多，諸如《地方自治論》《英國地方政治》《歐洲大陸市政論》《日本府縣制郡制要義》，與地方自治相關的警察書籍翻譯尤多，諸如《最近警察法教科書》《德國警察法》《警察全書》《警察學》《偵探學》。這些書主要自日文譯出，法律也以日本爲多。這一時期引進日本法律最爲全面的一部書籍，即《新譯日本法規大全》，由張元濟、劉崇杰等翻譯，內容相當廣泛，對清末法制改良有着重大影響。

第五階段，1912—1919年。

隨着清廷覆滅，中華民國建立，政治建設、法制建設、公民道德建設等任務提到人們面前，這些方面的譯介著作也隨之增多。與政治建設、法制建設有關的譯作主要有：同是英國莫安仁著、許家惺譯的《英國立憲鑒》(1912)、《英議院權力發達史》(1912)，英國布賴斯著、孟昭常譯《平民政治》(1912)，美國麥萊著、陳其鹿譯的《美國民主政治大綱》(1912)，美國約翰·溫澤爾著、楊錦森、張萃農譯的《美法英德四國憲法比較》(1913)，日本田中萃一郎著、畢厚譯《歐美政黨政治》(1913)，美國黎卡克著、梁同譯的《政府論》(1914)、法國路易·普羅爾著、高仲和譯的《政治辨惑論》(1914)，日本齋藤隆夫著、姚大中譯的《比較國會論》(1917)。東方法學會譯編法律要覽叢書多種，由泰東書局出版，包括《民法要覽》《民事訴訟法要覽》《商法要覽》《刑法要覽》等，影響廣泛。

有關公民道德建設的譯作甚多，諸如《國民道德談》(1915)、《道德之研究》(1915)、《品性論》(1916)《泰西改良社會策六章》(1917)、《新道德論》等。其中，英國著名道德學家斯邁爾斯(S. Smiles，1812–1904)多種著作被多次翻譯，包括《勤儉論》(1914)、《克己論》(1915)、《職分論》(1917)，葉農生、蔣方震、秦同培等均參與譯事。第一次世界大戰爆發以後，有一批與戰爭有關的譯作問世，如《德意志戰論》《開戰時之德意志》《美國總統威爾遜參戰演説》《革命心理》《國際同盟論》。

這一階段，馬克思主義、無政府主義書籍的譯介也有一些，包括1912年施仁榮翻譯恩格斯的《理想社會主義與實行社會主義》，是馬克思主義經典文本在中國早期傳播較爲完整的譯本，是恩格斯的著作《社會主義從空想到科學的發展》在中國的第一次譯介。1919年凌霜翻譯克羅泡特金的《近世科學與無政府主義》。

這一階段，所譯哲學、史學著作，均遠較清末爲少，但文學翻譯勢頭依然很猛。1912年至1919年，共翻譯域外小説250部，散文集35部，戲劇3部[一]，涉及英、法、美、俄、德、日、西班牙、奥地利、瑞士、波蘭、比利時、丹麥等國作家，内以英、法作家所占比例爲高，英、法主要作家被譯作品與清末

〔一〕鄧集田：《中國現代文學的出版平臺——晚清民國時期文學出版情况統計與分析(1902—1949)》，華東師範大學博士論文，2009年，第512—519頁。

有延續性，如英國哈葛德、柯南道爾、狄更斯，法國大仲馬、雨果等，增加較多的是美國作家華特生等人的作品，俄國托爾斯泰等人作品也陸續翻譯進來。

以上五個階段，就對中國社會影響而言，每一階段都不能忽略，各有各的影響。但綜合而言，以清末這一階段的影響，最爲廣泛而深入。數以百計的出版機構，數以千計的中譯日書，數以萬計的留日人員，難計其數的雜誌、報紙，將形形色色的西方新學轉口輸入中國。範圍之廣，數量之多，來勢之猛，是此前歷史階段也是民國初年所不可比擬的。這一階段，正是中國廢科舉、興學校的教育體制轉型期，難計其數的各門各科的新式教科書，大多是這一階段編寫的，藍本多取自日本，多取自這一階段的譯書。各門各科的辭典大量引進、編寫，無形中起着規範語言的作用。

四

近代中國被動卷入全球化浪潮之中，遭遇千古未有之變局。在此以前，中國雖然早已與外族有了關係，但那些外族都是文化較低的民族，縱使他們入主中原，到頭來也終歸爲以儒學爲核心的中國文化所化。在中國接觸的世界裏，中國以老大自居，他國也以老大尊之。但是，到了近代，情況大不一樣。中國面對的英國、美國、法國等，絶非先前的夷狄可比。這些對手，既陌生又强大，突兀而來，猝不及防。中國生産方式、生活方式、價值觀念、審美情趣、教育體系、學術體系、語言詞彙，乃至風俗習慣，無不發生深刻的變化。人文社會科學譯著，既是這一歷史變局的産物與證物，也是這一變局的助推器。

以語言詞彙而言，中國今天所用各類新詞彙，大多形成於近代。人文社會科學方面的新名詞，諸如社會、政黨、民族、階級、主義、範疇、系統、規範、唯物、唯心、主體、客體、法學、法庭、民法、刑法、金融、銀行、生産力、生産關係，都是近代出現的，而且大多是從日本移植而來。日常生活所用諸多新詞彙，也主要形成於近代。比如，以『化』字結尾的複合詞，特殊化、現代化、民族化、大衆化、自動化；以『式』字結尾的複合詞，速成式、問答式、簡易式、西洋式；以『炎』字結尾的病名，關節炎、氣管炎、腦炎、肺炎、胃炎、腸炎；以『性』字結尾的複合詞，可能性、現實性、必然性、偶然性、必要性、習慣性；以『界』字結尾的複合詞，文學界、思想界、藝術界、新聞界、出版界；以『感』字結尾的複合詞，美感、好感、惡感、情感、敏感；以『點』字結尾的複合詞，觀點、要點、焦點、重點、出發點；以『觀』字結尾的複合詞，悲觀、樂觀、人生觀、科學觀、世界觀、宇宙觀；以『論』字結尾的複合詞，一元論、宿命論、無神論、唯物論、唯心論；以『法』字結尾的複合詞，辯證法、歸納法、演繹法、綜合法、分析法。還有以『作用』『問題』『時代』『社會』『主義』『階級』等詞結尾的複合詞，心理作用、精神作用、土地問題、社會問題、舊石器時代、新石器時代、奴隸社會、封建社會、人文主義、社會主義、地主階級、農民階級。如此等等，不一而足。

新名詞如此，學科分類亦如此。以『學』字結尾的學科名，財政學、經濟學、生物學、物理學、心理學、家政學、社會學、冶金學，也都在清末定型。

近代譯介的人文社會科學，不但影響了當時的中國社會，而且業已廣泛融入中華文化傳統當中，幾乎無處不在，無時不在地體現於我們的物質文化、制度文化與觀念文化之中，體現於我們的日常生活當中。倘若不信，你且撇開此類新思想、新觀念、新學術、新詞語，寫一篇文章或者講幾句話試試！

鑒此，我們選編了這套《近代人文社會科學譯著選輯》，選擇不同歷史階段較有影響的譯著，分爲五輯，分類如下：1、人文社會科學總論與政治學；2、哲學、邏輯學、倫理學、心理學、教育學；3、歷史學、地理學、社會學、禮俗；4、法學、經濟學；5、文學、藝術、人物傳記。

鑒於嚴復所譯學術名著、林紓所譯文學著作已有多種刊本行世，本書不再收録。

《近代人文社會科學譯著選輯》第一輯第八册説明

本册選録《人群進化論》《女權篇》與《世界女權發達史》三部譯作。

《人群進化論》，有賀長雄著，麥仲華譯，廣智書局 1903 年出版。

有賀長雄（1860—1921），日本大阪人，早年先後就讀於大阪英語學校、東京開成學校與東京大學，1882 年從東京大學文學部畢業，主修哲學。1886 年留學德、奥兩國，獲博士學位。歸國後任樞密院書記官。甲午戰爭和日俄戰爭中擔任法律顧問。後歷任陸軍大學、東京帝國大學、早稻田大學教授及《外交評論》主筆。1913 至 1919 年間，擔任北洋政府憲法顧問。

有賀長雄 1883 年發表《社會進化論》，由丸善書店出版，二十年後麥仲華將其譯爲中文。書前有譯者寫於 1900 年的序言，概括社會進化論要旨，揭明譯書目的：『天演家之言曰：萬物競爭於天演之中，優者勝而劣者敗。茫茫大地，昔之千數百國者，今乃並而爲數十國矣，我中國若不因其和親之性，擴其競爭之力，則人群雖大，未可足持』。書分人群發生、人群發達、國家盛衰三篇。時人評價此書：『上二篇原本英國碩學斯賓塞爾之説，後一篇則著者之意見。採大家之哲理而折衷之，於優勝劣敗之理與夫群治進化之故，反復推闡，淵淵入微，挈領提綱，條分縷析，使繁賾深奧之學理燦若列眉，言約理博，可稱善本。譯文雅潔，尤爲深切著明』[一]。

麥仲華（1876—1956），廣東順德人，字曼宣，號曼殊室主人，秀才出身，康有爲弟子。戊戌政變後流亡日本，入日本陸軍士官學校，後遊學英國。民國後任司法儲才館秘書、香港電報局局長等職。

有賀長雄《社會進化論》在清末還有一個中譯本，薩瑞譯，書名《社會進化論》，閩學會 1904 年出版。

《女權篇》，斯賓塞著，馬君武譯，少年中國學會 1902 年出版。

斯賓塞（H.Spencer，1820~1903）生平參見本書第六册《原政》説明。他早年寫有《社會靜學》（1850），内有一章爲《女性的權利》，馬君武將其譯爲《女權篇》。此書篇幅很短，僅兩千多字，分十節，前九節運用人的自然權利學説和進化論觀點，依次論述男女同爲人、男女平等、男女同權、婦女文明程度爲一國文明程度之標準、男女不同權的歷史必將改變、夫婦不平等之謬誤等道理，最後一節爲總結。1902 年，馬君武將《女權篇》與達爾文的《物競篇》，合成一本，冠以《斯賓塞女權篇達爾文物競篇合刻》，由上海少年中國學會印行，爲《少年中國新叢書》第一種。《女權篇》是近代中國第一本關於婦女問題的譯著。

《世界女權發達史》，他士坦登著，王維祺譯，文明書局 1905 年出版。

[一] 顧燮光：《譯書經眼録》，載熊月之主編《晚清新學書目提要》，上海書店出版社，2014 年，第 328 頁。

此書爲美國人他士坦登搜集、編撰，原名《婦人之活動》，日本人譯爲《西國婦人立志編》，王維祺將其譯爲《西歐女子自助史》。書中所述，爲英、意、法、德、俄、荷等國婦女活動事略，涉及政治、法律、道德、宗教、教育、美術等方面。翻譯之餘，王維祺參考其他書籍，做了補充。書前有吴馨、王維祺所作序言，介紹譯書緣起及增補過程。書名爲安徽吴芝瑛題寫，並易名爲《世界女權發達史》。他士坦登生平待考。

吴馨（1873—1919），字畹九，號懷疚（懷久），上海人，1897年入南洋公學師範院班，研習教育理論。1902年創辦務本女塾，爲上海第一所由國人自辦的女子學校。1910年，被選爲上海縣視學兼辦學所總董，辛亥革命後被推爲縣民政長。

王維祺（？—1930），生年不詳，上海人，字紀貞，一作季貞，1899年入南洋公學師範班，畢業後，在吴馨所辦務本女塾擔任義務教習。以後長期從事教學工作，對婦女教育尤爲熱心，民國初年曾在李平書在上海創辦的女子法政學校任國文教員。吴馨在序言中評價王維祺：『研哲理，富思想，尤熱心於女子教育』。

順德麥仲華譯

人群進化論

廣智書局印

之

欽命二品戴項江南分巡蘇松太兵備道袁

給示諭禁事本年二月十二日接

英總領事霍　來函以香港人馮鏡如在上海開設廣智書局繙譯西書刊印出售請出禁示止翻

刻印售並行縣廨一體示禁附具切結聲明局中刊刻各書均係自譯之本等情函致到道除分行

縣委隨時查禁外合亟出示諭禁　爲此示仰書賈人等一體遵照毋得任意翻印漁利倘有前項

情弊定行提究不貸其各凜遵毋違切切特示

光緒二十八年　三月　初二　日示

欽加三品銜賞戴花翎在任候選道特授江蘇上海縣正堂汪　爲

出示諭禁事奉

道憲　札接

英總領事霍　來函以香港人馮鏡如在上海開設廣智書局繙譯新書刊印出售請給示禁止翻

刻印售並行縣廨一體示禁等由到道札縣示禁等因到縣奉此合行出示諭禁　爲此示仰書業

人等知悉嗣後不准將廣智書局刊印各種新書翻刻出售如敢故違定干查究其各凜遵切切特

示

光緒二十八年　三月　十七　日示

自序

羣者天下之公理哉。微獨人有之。鳥能求友。鹿能樂羣。禽獸莫不有之。微獨禽獸有之。枝榦之接合。禾花之媒助。草木亦莫不有之。凡屬有生。即同此理。何脗然其無異也。然同爲是羣。而人羣日盛。物羣日衰。同爲人羣。而白種之羣日興。黑種紅種之羣日敗。抑又何釐然而各異也。豈天擇之各有所宜。抑亦合羣保羣之道有善有不善耶。且夫合羣保羣之道至賾矣。然其要旨則不外和親與競爭。故無和親之性者。其羣必不能合。雖以金石土木。苟無愛力。則不能合。點以成形。無競爭之力者。其羣必不能久。故物之無抵拒力者。必爲人所攝。而無以自立於天地之間。人羣者、以和親爲植體。以競爭爲利用者也。顧吾聞之。處一統之世者。其人羣之進發必緩。處列國之世者。其人羣之進發必速。豈承平之有害於人哉。蓋閉關獨立。感情不生。感情不生。心思必簡。心思日簡。則治化日衰。若夫諸國互通。交易智識。且並立爭雄、角智鬬力。摩擦不已。電熱驟生。此論者所以談交際爲開化之母。而競爭爲進步之基也。抑又聞之。羣以一種族成者。和親之情必厚。和親之情厚。則蕃滋易而有團合聯結之心。羣以多種族成者。競爭之力必大。競爭之力大。則長進易而有獨立不羈之氣。是固生類所同然。人羣之公理矣。西人研求此理。成爲專學。於其自分而合。自衰而盛。自愚而智。自野蠻而文明。其所以消息盈虛之理。無不反覆詳考。是蓋合羣保種之義。而進種改良之要圖哉。中國人羣成立最早。爲今日地球極大之羣。然以四萬萬人之國。見屈於歐西諸邦。且昔之號稱文明者。今日乃見退化。且至誚爲半教。夷爲野蠻。雖曰以一種之人羣處一統之時代。故進發後於白種。然亦進種改良之未得其術耶。天演家之言曰。萬物競爭。於天演之中。優者勝而劣者敗。茫茫大地。昔之千數百國者。今乃幷而爲數十國矣。我中國若不因其和親之性。擴其競爭之力。則人羣雖大。未可足持。觀於印度之覆亡。羅馬之崩敗。而我不能不悚然而懼也。日本有賀博士著人羣進化論。采西國之成說。晰人羣之公理。詞詳義備。深切著明。用采譯之。以資感發。嗚呼。競爭最劇之塲。必不容一人之中立。我中國其爲優勝耶。其爲劣敗耶。由據亂以進至太平。今日方丁其會。若不速求進發。吾恐天行之淘汰。立隨其後。而白人之勇於競爭者。又將以我爲印度羅馬之續也。光緒二十六年五月五日順德麥仲華序於日本東京

人羣進化論

凡例

一書原名社會進化論社會與人羣義本稍異社會二字英文則作 Society 人羣二字英文則作 Horde 今譯社會無適當之字故不得已譯爲人羣

一此書本分五卷一爲社會進化論一爲宗教進化論一爲族制進化論一爲儀式進化論一爲產業進化論現已出書者僅得社會宗教族制進化三種今將社會進化論先爲譯出此後當挨次續譯以饗我國士夫

一此書前兩篇是全本英國哲學家斯賓塞氏之說後一篇乃著者之意見提要鈎元刪繁就簡頗覺了當故先讀此書後讀斯氏原書當無慮繁難更易通解

一欲使閱者易於理會間附益以中國事實廣爲證佐倘有謬誤譯者自任其責

一地名人名仍用中國舊譯之例地名則以‖爲記人名則以——爲記

一譯筆文詞淺陋貽笑大雅然文章言語皆所以發明事理但取辭達不傳詞華故仍用普通淺文取便讀者

人羣進化論　凡例

光緒二十六年十二月除夕前二日曼宣記

人羣進化論目錄

第三部　國家盛衰篇卷之三

人羣進化論　目錄　六

人羣進化論　目錄　八

人羣進化論　目錄　　十

人羣進化論目錄終

人羣進化論 卷之一

日本 有賀長雄 著
順德 麥仲華曼宣 譯

總論

人羣學釋義

羣者。人所團結而成。人羣學者。釋人羣之理學也。釋人羣者。指凡人類之聚合。或結成部落。或成立國家而言。故無古今之殊。無東西之別。祗言萬國普通之理。非研究各國特別之形。今自無人羣而至人羣之發生。又自發生之後。自小羣而至大羣。先言其畧。夫人羣者必其先有政治宗教儀式親族、產業、交易之事。至人智增長。合羣漸大。然後政則有王侯、參政、議官議員、武備、賦稅、法律、裁判、之制。教則有葬儀、祭禮、僧尼、教理、宗派、墳墓、寺觀、鬼神妖魔之說。天堂地獄之信。儀式則有朝覲、贈送、敬語、尊稱、品級之繁。親族則有族制、家長、父子、夫婦之別。產業則有農業、工業、商業之殊。但國內制度。雖稍稍備。而盛衰隆替。時有變遷。其先爲君主專制之世。次成戰國擾亂之世。次成教權專制之世。次成革命紛擾之世。次成法律一統之世。次成議論擾亂之世。次成道理一統之世。此皆自無而有。由小而大者也。凡人羣之發生。使中途滅亡則已。苟不滅亡。其變遷之次第。必不少紊。故謂之爲人羣進化。今人羣學專以發明此義。

夫萬事萬物。非窮其原因結果。未易明也。故人羣之事變。或託怪異。或歸鬼神。譬如謂人物爲上帝所創造。國家之盛衰。由國神喜怒之說。論羣學者皆所不取。何則。蓋鬼神怪異之原因。無從探索也。

論人羣學而名爲理學者何也。蓋非獨舉一事物及數事物。考其原因結果而止。也。凡屬此類之事物。悉搜羅殆盡。而論其原因結果之順序。譬於動物學。則動物界中事物之原因結果。搜括無遺。於地質學。則於地質之現象。及其原因結果。探取靡遺。至人羣學亦然。所以名爲理學者。亦使人羣之普通現象。解釋而無遺也。

若於人羣中僅就一國一都一邑言之。則不能稱爲人羣學。或僅論生計上之理勢。或僅論政治上之事變。祇可謂之生計學。政治學。不可謂之爲人羣學。其僅論一國之經濟。一時之政策。不涉於萬世萬國者。更無待言。

人羣學之握要

凡論事物之原因結果。實爲最有益之學。事物之種類既殊。其學之資益亦異。今舉人羣學之大益。分爲二種。一曰理。一曰事。

今先就理之關於史學言之。夫史學之異於人羣學者。祇述一國特別之事。非解釋萬國普通之理也。然不先知普通進化之理。則難知特別進化之理。故非本於人羣學則史學難成。即如一木一人一國。既命以一定之名。必有普通之形。與特別之形。如有枝有幹有根有葉。爲木類普通之形。即木之所以爲木者。至枝之疎密。幹之長短。根之深淺。葉之多少。或在野或在山。或在今日。或在古昔。是木特別之形。人羣亦然。有政府。有宗教。有產業。莫不一一進化。是普通之理。是人羣之所以爲人羣。此人羣學所發明也。至其人口之多少。政府之强弱。殖產之大小。或在東洋。或在西洋。或在現時。或在往昔。是特別之理。此史學所發明也。此普通之理。與特別之理。其原因結果。從何別乎。普通之理者。凡有人羣之處。即有此原因結果。特別之理者。是普通原因。合特別原因而結果者也。譬國有政府。不能統治人民。則與外國敵。難免滅亡。是由普通之原因。而成普通之形象。即如英國與杜蘭士巴路。其國力之或强或弱。是普通之原因。然杜與英戰。有時而勝。有時而敗。則爲特別原因。又戰國擾亂之末、必以敎權統一人羣。此萬國普通之原因。如中國至春秋時。即有孔子出而創立儒敎。是普通之原因。然同於其時。同於其地。而獨魯國有孔子其人者出。則爲特別原因。又君主專制之國。幼主庸才。一踐帝位。則政權必移臣下。此普通之原因。如日本中古時。政權移於藤原氏。當此時代。臣下甚多。而獨藤原氏得攬大權。所謂特別之原因。舉此二三凡例。此外皆得以此類推。故非知普通理之原因結果。難知特別理之原因結果。事至易明。是即史學之必本於人羣學也。

難者曰。未有人羣學以前。東西兩洋。史書已浩如煙海。是何故歟。釋之曰。其書雖據實直書。然其中果足稱史學者。殆無一也。夫以國家事變。全歸於人君一身之事。是史之通弊也。如中國史家。以數千年之榮枯盛衰。多爲帝王德與不德之結果。此外少所論及。不知國家進化之際。或盛或衰。或榮或枯。皆有普通之原因。乃至如此。且有德之君。與無道之主握權。實其時人羣進化次第所使然。非其君主所得與知也。又只論一種數種之事變。不涉人羣中各種之事變。是舊來史家之通例。如中國日本之史。大概只記帝室之統系。政度之沿革。兵事之戰爭三事。是亦不知人羣進化之理使然。何則。蓋國家變遷之原因。非獨帝室政事戰爭三事而已。宗教儀式農業商業及氣候地勢物產等。悉與有力也。又據口碑。採文獻以記事。凡有難知者。則就闕如此。東西史之常。夫欲知後來進化之次第。必須知上古國初開之次第。理固宜然。乃或略而不述。或出以想像之說。或出以虛妄之談。

是亦由於不知普通之理。蓋進化之理。理原一貫。無東西之洲。苟知其一。則各國進化之大體。可據而知。即無口碑文獻時代。案前後之事實。細爲推度。即可知其中之變遷也。要而言之。國家變遷。必有所以變遷之理。欲知其變遷之事。不可不先知其變遷次第之理。往時史家。不究其理。祇論其變遷之外貌。其謬十居其九。由此觀之。人羣學之不可缺。至易明矣。

今又將事之關於政治言之。今欲造一國之事業。如改政易教。正俗勸業。苟不知人羣學之理。欲使其有利無害。甚難事也。夫政治宗教風俗產業等。皆人羣全體之一分。而各體皆有相關之要理。如肺肝腸胃之關於各體。故不先知全體之理。而欲改良其一肢。縱於此體有益。必於他體有害。彼不究人羣學而論政治。談權利者。如不知人身全體之生理。而醫各部之病痾。其輕忽實可笑也。況人羣政教風俗。日日進化。今日之政體。非昔日之政體。且此復有定向而進化之勢。故就今日之政體。欲爲改革。不先考究前後進化之次第。非獨不能奏效。却有遺禍後世之恐。故人羣學者於政治所必不可缺者也。

凡宇宙事物。皆有至理。不知其理。殊難着手。故論地質者。必先究地質之學。論鑛學者。必先究鑛物之學。若不究其學而論其物。其人非愚則狂。何獨論人羣者。不窮其理。而妄爲容喙。非愚非狂。實足怪異。況知人羣之理之難。迥出於地質鑛物等萬萬哉。

第一部　人羣發生篇

第一章　人羣者因人類之聚合以協力分勞遂成爲有生機體

第一節　人羣者爲人類之聚合

人羣自人類之聚合而成。舉目可見。無人之地。便無人羣。或止一人。或止數人。亦無由成羣。雖羣者非人類聚合。即能成立。然其成立之故。必自多數人類之聚合始也。

第二節　人羣者以協力分勞而聚合

凡物之聚合、分爲二種。一曰無生機聚合。一曰有生機聚合。無生機聚合者。謂以數物駢合一處。此物與彼物。絶無關聯者。譬如案上書冊之聚合。席上杯盤之聚合。孤島野蠻人之聚合是也。又如金石。如土塊。於物體中各質混合而不能生活。則成無生機之聚合、物理學者指爲無生機體是也。凡此物體。雖缺其一部。無關於全體之存亡。又雖如何增加。其全體亦絶無變化。石者依然爲石。金者依然爲金也。

有生機聚合者。謂於同時同地。聚合數物數部。此物與彼物。此部與彼部。有互相牽涉者。譬如動物耳目肺肝心胃腸脾草木之幹枝根葉花實。各分其勞。異其業。互相助。各相待。其各部始得生活。其全體乃可生存。凡此物體。全體苟不生活時。各部亦不得生存。各部不盡其所以生存之職。於全體亦歸無用。故各部或加或減。全體即生異常之變動。試自動物體中取其胃。破其腑。全體遂因之病死。又如草木。葉者俟根之汲收水氣而生活。根者俟葉之發散水氣而生存。若遽斷其根。

盡摘其葉。即爲枯萎。故與無生機之聚合異者。此也。動物植物生死之區別。即在於有生機與無生機。其生活時。雖互有關係。然於既死之後。耳目肺肝等之形體位置。雖皆依舊。而既無相助相俟之機關。則減之增之。於全體亦絕無關係。蓋其體已非有生機體。而變爲無生機體也。由此觀之。生死之別。其在於協力分勞之有無。固甚明矣。

問者曰。以各種人類而成一羣。則人羣中各部之聚合。將爲有生機乎。無生機乎。答之曰。此即有生機之聚合也。何則。以衆多之人類同聚於一時一處。未得謂爲成羣。其中必有治人者。治於人者。農民商人製造家等之諸部分。分勞協力而成相助相俟之形。乃始得眞謂爲人羣也。

第二章　人羣發生之外部要質（質者即六十四原質之質之意）即自原人而成人羣時其居處飲食之事

第一節　人羣發生之要質分外部內部相互之三種

人羣云者。古今東西。其數雖多。然皆非出於神佛之創造。又非自太古而留傳。有其始必有其終。則其發生也。必有原因。其衰滅也。必有至理。故凡人類聚合。而至有協力分勞之事。皆可謂之爲羣。發生之原因。今大別爲三。其一者人類外境之事情。即人置身於天地間之事情是也。其二人類內境之事情。即人人軀體中之事情是也。其三爲人與人交涉之事情。總括之一云外部要質。一云內部要質。三云相互要質。其謂之爲原質。不謂之爲原因者。蓋此理非一二事情所能盡。必有無數事情相合而成爲人羣發生之原因也。今就外部之事情。先爲發揮。

第二節　氣候上之要質

一曰温度。地球上有極寒之地。有極熱之地。有寒熱相半之地。其中有適於人羣發生者。有不適者。要而言之。温度低者。則人羣之發生難。温度高者。人羣之發生易。其所以然之理。有三。

未有人羣以前。蒙昧無智之原人。未知種植禾穀之術。未識牧養牛羊之法。只取天然之動物植物。以爲食物。而得生存。嚴寒之地。動物植物。長成不易。則食物缺乏。其難於發生之理一。如濱北冰洋之愛斯蘭。若無自熱帶流來過煖之潮波。其地海水。曾無融解之期。海水不解。則禽獸草木。不能長成。人類生存。亦非易事。故極寒之地。人類得生。必藉温度。則温煖之地食物繁多。人生自易。固無待言。

夫寒氣過盛。人之精力。多糜於保存生命。則經營事業。隨而減少。其難於發生之理。又其一。故住於北冰洋之埃斯摩人。爲保持體温。須多食脂油。爲求食之故。所費精力既多。殆無餘力。從事他業。故各事不能改良。始終不能結羣。且爲禦寒計。須製極厚極呆之皮衣。致動作不靈。故生業亦減。

男女爲禦寒故。費精力既多。則用力於生殖之事亦少。故子孫不能繁昌。人口不能增加。遂至無人協力分勞。其難於發生之理又其一。夫男女身體之精氣心力。多寡約有定限。多費於此。則減於彼。自然之理。如學人太勞心思。過用腦髓。大抵不能生子。蓋精神疲倦。殆無餘力用於生殖之事故也。生長於極寒之地亦然。故埃斯摩人雖經數世。人口殆不見增加。又濱於南冰洋人種。及住於南亞美利加南極底拉爹夫哥之人類。亦同此例。

然世人皆謂温帶之地。最適於人羣之繁榮。雖因今日地球上之形勢。其廣大人羣。無不在於温帶。遂謂温帶之氣候。最適於人羣之發生。其實不然。上古未開之世。人羣之開。皆在熱帶。所以然者。熱帶之地。多自然之生物。不須求禦寒之術。而人體自能强健。昔印度及中國諸人羣。皆起於熱帶。而達高等之開明。査巴及康蒿査熱帶等國。往往見高聳宮殿。巍煥樓閣之遺跡。則往昔已成高等人羣可知。即如近世中亞美利加墨西哥秘魯之人。皆在熱帶而繁盛。又歐羅巴人始發見滔依治島頓亞島參滔治等島時。其人之狀態。及進步之高等。決非他島之可比。而彼之諸島。又皆在熱帶者也。由此觀之。世人多謂熱帶之國。開明頗難。自不可一概而論。雖氣候過熱。易使人懶惰倦怠。其害不少。而食物繁盛。利益亦多。況熱帶諸國。幷非晝夜二十四時。俱爲酷熱。大抵日中之外。皆屬平温。而適於勤勞動作者哉。至近世廣大開明之人羣。皆起於溫帶者。既於古來熱帶之人。步武其文物。又人智漸開。戒身體之怠弱。氣候平和。衣食無不足之患。故至此也。

二曰乾溼。人羣者乾溼不適其度。不能發生。過於乾燥者。滿目沙礫。植物不能生長。礙人羣發生及長進。固不待言。然過於卑溼者。其害亦不少。如東亞非利加之斯阿謨路金屬悉生鏽而不能用。火藥悉潮溼而不着火云。蓋天氣之乾溼。關人身精力之增減。即人羣發生之所係。據生理學而言。凡肺及皮膚。蒸發水氣。快捷者身體必强健。蓋身體之滋養津液。新陳代謝。藉肺及皮膚之蒸發。而蒸發之運行。空氣乾燥則速。陰溼則遲。故溫煖而乾燥之地。其人活潑。溫煖而陰溼之地。大率柔弱。試即人身以驗此理。凡體魄薄弱而多病之人。當風日和麗。則精神清爽。天氣陰翳。便覺沈倦。可知住乾燥地者。必多强健。住卑溼地者。必多羸弱。觀熱帶之諸民種。如埃及巴比倫俳尼西亞等。古昔開明。亦皆在高燥之地。今不就民種言。更就人種言之。（民種者專指有政治之國人種者合有政治與無政治文明野蠻國而言）夫多雨之地。則溼氣盛。少雨之處。

則氣候燥。欲知地球上晴雨多少之國。一覽地圖而知。如北部亞非利加亞剌伯波斯西藏蒙古等。殆皆無雨之地。一年之中下雨極少。然觀古史。此等人種皆强悍勇猛。戡服東洋諸國者也。其一韃靼人種。踰南邊山脈。奪畧中國印度間諸地。驅逐其土人。復侵入西洋諸方。其一亞里揚人種。於上古時南則占領印度。西則殖民於歐羅巴。其一西美支人種。嘗殖民於北阿非利加。又乘回回教之勢力。奪掠歐羅巴諸邦。雖數人種。其言語。風俗。體格。各有不同。而東洋四大人種之中。三者皆出於無雨邦國。至第四人種。卽埃及人種也。此人種起於尼羅河之近傍。而臻繁盛。彼雖非起於無雨國。然尼羅河近傍之乾燥而温煖。當不亞於亞細亞中部也。夫此人種。原非有此强健體格。而勝他類之人種也。韃靼人種。比於他種。固甚劣也。然卒能降伏他種者。蓋於乾燥之地。久得便宜。故能成此强健。況諸人種。遷徙於滋溼之地者。漸失其强力。卽服役於他種之事。固屢屢有之哉。又狀態陋劣。不能進於開明而成大羣者。大抵皆皮膚黎黑之種。其强壯而能勝他民。得進開明之域者。大抵非白人種。則黃人種也。問者曰。皮膚之黑白。是何因乎。釋之曰。昔年利賓烏斯頓遊歷亞非利加之諸邦。察其風土。記之曰。民種皮膚、其爲黑色之故。非獨日之炎熱而已。必於炎熱而帶溼氣之地。其皮膚始至深厚黑色也。又斯枉夫路斯述亞非利加之事曰。棲於原野水邊之部落。其男女皆柔弱。而皮深黑。居於高燥山丘之部落。其男女皆強壯。而黑色淺。皆其確證。又如埃及之已開化民種。自亞細亞中部起而南征之民種。在中亞美利加及秘魯結成高等人羣民種。其皮膚雖非全潔白。然比之近隣民種。其黑色亦淺。由斯以談。揆諸處理。徵諸實事。皆足證其地卑溼者。其民種體格弱。其地高燥者。其民種體格強也。體格強壯。則氣力充足。氣力充足。則易於制勝他族。而占居饒地。能占居饒地。則能分別各處風土人情之美惡。而增長識見。故自然從協力分勞之法。而成大羣。至體格柔弱者。即幸免呑滅。亦決不能脫野蠻之狀。由是觀之。乾燥者於間接而助人羣之發生。滋溼者於間接而妨人羣之發生也。

第三節 地形上之要質

一視形勢統括之難易。夫立國之初。其最握要者。視散居於山川原野之人民。能適於團結乎君長之下與否。人羣發生以前。僅藉獵獸捕魚。以存生命。常漂泊而無定所。且祇集數十人。或數百人。團聚一處。至實求協力分勞之道。可決其無人。將欲使變其舊習。定其居處。使其團合而協力分勞。或使爲君長者。一統其部落。或使其男女。樂居其地。以謀生計。則地形最爲握要。試徵之事實。如瑞士人據山防戰。統括極難。雖他種結合而成大國。彼亦始終存其獨立之質。又英國威路士四面皆山。自成堅固之城郭。故此處人民。閉國以來。八百餘年。不服於人。且分爲多部。互相對敵。絕不團結。即如中國之蜀。高山大河。環繞四塞。欲自外征伐。固非易易。古來帝室之權少替。必倡叛亂。有王者起。雖一統諸州。獨蜀之一隅。向不用命。又日本諸州。皆爲將軍之統轄。獨薩摩一州。殆成獨立。習慣言語。如出乎日本之外。蓋山川阻深。難於侵入。殆至此也。

若內地情形。適於統治。其人民一出國境。則食物缺乏。偶離國界。則被殺他族。其助人羣之發生。關係頗大。埃及之地。則備此地形。境內平坦。有強力者。崛起其中。行軍用兵。絕無障礙。且人民欲免征服者之壓制。逃出境外。則到處沙漠。乏於飲食。即幸免饑渴。必漂泊近隣。或爲羣夷所屠戮。或爲他種所擒虜。故能合大羣早達高等之文化者。職此之由。

二視地面之龐雜與否。龐雜者則人羣之發生進步必速。若東西南北。形狀相同。則必反是。何則、形狀相同者。禽獸草木之種類。亦因而從同。即一切物產。比之龐雜之地。其品質不得不少。物產既少。生存之術不充。商業之貿易不大。其理一也。又地形既同。則住民之習慣與經驗。亦不相異。習慣經驗不相異。則東西無優劣之分。故據生存競爭。優勝劣敗之理。則知識藝術。必不進步。其理二也。夫龐雜者競爭之源也。競爭者進步之母也。故不龐雜則競爭不烈。競爭不烈。則進步甚難。故雖歷千百年。而仍不脫野蠻之狀。不能享協力分勞之益也。

至若地質及地形之龐雜者。其人羣則反是。夫尼羅河之濱。人羣之發生。古昔已盛。其地面雖非十分龐雜。然比其近鄰。則固大異也。古來開明人羣。往往起於近水之處。固因便於水運。然以水陸交通之故。地面亦因而龐雜。卽如中國。大江南比。富甲天下。故聲名文物。薈萃於斯。又俳尼西亞亦爲大羣之所起。其地依山臨海。有谷有野。且川流横亘入海。地極豐饒。希臘當古代時。已爲高等文化之國。其地海陸錯雜。內地則山川郊野。形狀皆異。土地肥瘠。各處懸殊。沿西路論希臘地理曰。境土狹隘。而地面龐雜者。非獨歐洲無出其上。卽全世界亦無出其右云。恐非過言也。於意大利觀羅馬人之起。其根源同之。又觀新世界（西人謂美洲爲新世界）亦同此理。中亞美利加。新起一開明人羣。其地亦兩方臨海。中亘山脈。龐雜之形。不可言狀。此外。墨西哥秘魯。亦莫不皆然。

三視土地之肥瘠。世之僻論者。謂土地過於豐饒。則人民流於怠惰。至礙人羣之進化。其實不然。夫至人羣既發生。藝術既開展。始得以人力而耕作。然於人術未開。耕耘之具不備。協力分勞未起之世。其事情大異。蓋非於果物百穀自然繁茂之地。則人口不增。人口不增。則人羣亦無由起也。太平洋中島民之進化。皆由占豐饒之地。如蘇門答臘。馬達加斯加亦然。又尼羅河邊之地。氣候溫煖。川水泛溢。每年一度。以溉田畝。豐饒無比。其地所以能先與大羣者。此亦一原因也。

第四節　植物上之要質

人羣之發生及成長。因其地之植物種類多少。固不待言。然植物過少。人羣固不發達。然過於繁茂。非獨不能助其發達。却有妨之之患。

植物過少。則食物不足。建築屋宇之材木。亦遂不敷。食物屋宇不足。則人口難以驟增。職此之故。不能協力分勞。則人羣始終不能發達。北冰洋之埃斯歛草木及一切物品。不能長成。其人祇以雪塊冰柱建屋。以海馬皮作盃皿。以鯨骨製釣絲漁網。造製各物。以骨與角。此外絕無他物可爲製造。故人術少進。人羣不盛。南亞美利加。近南冰洋之地。佛威阿人。亦同之。然南北冰洋。尚謂過寒。非獨因植物之缺乏。若澳大利亞洲氣候甚適。然以果不結實。草木甚乏。無植物以供製造。故其人口甚少。常於數十方里。不能增一人。故自數千年以來。不能改陋野之狀。

二植物繁盛。足助人羣之發生。夫植物繁。則禾穀亦因之繁殖。植物種類既多。雖遇凶年。此種植物不生。他種植物。亦必有豐收者。故無饑饉之患。又種類既多。製造之材亦必不少。百物俱備。則生存之術自進。如滔依治島植物種類。極龐雜而蕃生。故建屋葺宇。有繁多之材木。織蓆製網。有適宜之草榦。用木皮而製衣服。採椰實而造杯皿。此外更有麵包果、椰子、砂糖、芭蕉百種之果菜。以製各種之飲食。故其居民。早已結成大羣而進開明。又俳治島其人雖常食人肉。好爭鬭。不相親睦。本甚有礙於協力分勞。然其分業、商業、農業、究不劣於滔依治島者。因其地植物繁多故也。

三樹木過多。亦有妨害。夫人成大羣後。開墾之術既明。伐木器具亦備。則植物有益。若蒙昧未開之世。技術不齊。器物不全。樹林繁密。甚不便於交通。如安打孟島人。以叢林荒莽。不能入內地。皆散居於海濱。交通不便。遂難進化。蓋上古原人。於石斧石刀之外。絕無伐木之器。故開闢甚不易易也。

第五節　動物上之要質

夫太古草昧之世。不能耕作。於禽獸魚蟲。及天然成長果物之外。無可以爲食物者。然果實非可多得。則原人（開闢以來始生之人類）不得不仰食於動物。是動物之多寡。關於人口之增加。與人羣之發生。殊非鮮少。然動物過多。其妨害亦與植物過多等。蓋此時人類漂泊。追捕禽獸。四方遷徙。一無定居。無定居則農業不興。農業不興。則工業不振。人術不進。故其人羣亦祇得爲半開。永不能進文明之域。如北亞美利加之土番。至今日尚漂泊而狩獵。不能從事於耕作。雖人類之初。人皆藉牧獸爲生。然既逐漸發生牛馬羊豚。尚不減少其人。却束縛於畜牧獸之習。而不能脫其範圍。

如牛羊等。爲可馴養之動物。可助人羣之發生。然多害人畜荒田畝之猛獸。其害亦然。如蘇門答臘時有因避猛虎。而令數處村落廢落無人。印度亦然。有一牝虎破壞十三處之村落。西歷一千八百六十九年出一牝虎。殺害一百二十七人。一月之間。其繁盛街市。至絕無人跡。如英日古代。多狠猪殘害人畜。屢載史乘。其時君主。常有懸賞捕狠之令。當時人羣被猛獸之害可想矣。

至蟲類亦有害於人及禾穀者。印度多毒蛇歲殞於蛇者畧二萬人。印度既爲開化之國。其害及於人羣全體尚少。若在人少之時。其妨害進步實甚。即至蚤蚊之微。亦關人羣之盛衰存亡。何則、蚤蚊之類太繁。不勝其擾。甚礙勤勞。人身漸流懶怠。故熱帶民種。蒼蠅擾之。至失其活潑之精神。美國夫里奴川近傍之土人。早起相逢。必問昨夜有蚊否。如中土舊俗問無恙然。則其地必蚊多而有妨勤勞。亞非利加東部之土人。其家具衣服。常被毀於白蟻。朝本富有。夕忽貧窮者。往往聞之。至於蟲之害禾。尤爲慘狀。如中國蝗蟲爲災。動致饑饉。史不絕書。又如亞非利加之加夫依人。以禽獸昆蟲。常害禾穀。故從事農業之情甚薄。至今亦不能捨牧獸之業。常逐水草而漂泊也。

第三章　人羣發生之內部要質即原人之身體及思想

第一節　原人之身體

一體幹短小。現存地球上之劣等民種。其軀體非無長大者。又身體之大小。雖因夫土地氣候。然不能達開明之高度者。其男女之形體。大概短小也。北亞美利加之智魯人。及其近鄰諸民種。其軀體皆甚短小。南亞美利加之楂拿人。身長五尺五寸（英尺下倣此）者。甚爲罕見。亞拉窪人。平均亦祗五尺五寸。棲於亞細亞北部之野蠻人種。亦然。加路幾人。平均五尺三四寸。夫士搭人。亦甚短小。又觀於南部印度之山族。比中原民種。亦爲短小。男子不過五尺二寸。女子不過四尺四寸。其最劣等若嬰人。男子無有過五尺。女子無有過四尺四寸者。

現存五大洲諸民種。其最陋劣者。身幹皆短小。如夫威高人。數部落。無一踰五尺。安打孟島土蠻之男子。在四尺十寸至五尺之間。印度之依他人在五尺三寸。至四尺一寸之間。亞非利加之亞加民種。雖男子亦在四尺一寸。及四尺十寸之間。又近年英國於洞窟中掘出原人遺骨。比現時之骨格。亦甚短小。由此觀之。太古原人結羣之難。原因雖不一。然以體魄短小之故。使其禦猛獸。抗敵人而改良生活。甚難事也。

二四肢輭弱。原人體格。與開明人相異極多。然無關於人類之發生者勿論。與地誌畧曰。亞非利加之蝦顛頓人。手足弱且小。又曰婆加拉窪之土人。四肢輭弱。體甚衰瘦。亞美利加之諸人種中。亦有同此者。智魯人之脚小而曲。加拉里人之四肢短而大。至巴他哥利人。其體魄雖似長大。而撿視其四肢。筋骨柔弱。且甚細小。手足之力微弱。其一行動不能充。其一不能充用其腕力。以敵猛獸惡族。不便於勞力。是亦其不能結成人羣之因也。

三腸胃漲大。其消化機（即腸胃）比例於全身。其量甚大。蓋原人之食物粗惡。非多食不能生存。又不能如開明人之食有定期。故當有食時。不得不多食以備後之缺乏。原人之大食實有可驚者。中亞美利加夭加他人一日所食之物。能六倍於開明國人。或一日能食肉四十斤。輿地誌畧曰。婆加拉窪之土人。雖四肢軟弱。身體衰瘦。然下腹非常膨脹。蓋其土地食糧甚乏。因常食難於消化之物所致云。亞非利加夫施孟人之腹。非常突出。亞加人胸之上部。雖狹小。下部則廣大如袋。蓋原人似開明人中嬰兒。生理學家常有論及嬰兒之腹部。比例其身足頭胸。果甚脹大也。

原人腹部重大。而下部細弱。行動不便。且因大食之故。血液時專注於消化機。遂至身體之惰弱。或不得食時。困於饑餓。而致衰弱。故於其盡勞力而勝外敵。改野陋而成大羣。大有妨害。

四努力薄弱。身體柔弱。既不能發十分之努力。復不能用數時間相繼之努力。蓋亦食糧粗惡。滋養之質少所致也。如他士瑪利人。（今已滅亡）形貌似勇悍。然體力劣於開明人。又屬同種之巴波斐人。體格雖美。而腕力極弱。陀瑪拉人。筋骨頗壯。而力量劣於開明人數等與之旅行。祗二三日。遂即疲倦而不能行。

五身體堅彊。雖被雨露寒暑疾病傷害受損極少。夫劣等人種所處之境。開明人一息不能堪。而彼處之泰然。不覺其苦。此因累世之自然淘汰。堅彊者得而生存之故。不然、則其種亦已滅絕矣。其最可證據者。即劣等人種之婦女。其因分娩而損害身體。比之開明人甚少。設使開明人如劣等人種之食粗食居茅屋。分娩於雨露風塵之間。其不至母子俱死者。百不得一。野蠻之地固無完美之家屋衣服。即曝風雨而寢處。亦斷無生病而殞命。印度之初瑪路人種。雖呼吸惡氣。絕不生病。如呼吸平常之空氣。澳大利亞及其他之劣等人種。雖被重傷。痊愈極速。蘇拉人以指取火。或取沸湯之食物。亦不覺熱。又外科針割。開明人所難堪者。野蠻人可泰然受之。絕不知痛苦也。原人之堅强而不感痛苦如此。其妨人羣發生之事不一。一則曝露風雨。呼吸惡氣。雖不至死。然以理推測。或魯鈍其神經。或消失其活力。且子孫生殖之力。不得不減。其二不以野陋爲醜惡。則不能改良也。

六成長太早。凡軀體劣下者。五體成長之期必早。高等者必遲。此生物之通例。人類亦然。下等人種。成長之期。比開明人常短。故其成人亦極早。劣等民種中。婦人之色。早榮早衰。則男子亦不得不然。又非獨軀體惟然。其腦髓亦早成熟。故雖經數世。智力之進步極少。

七子孫生殖。原人身體。更有一要事。即生殖之力是也。凡高等動物。自有生之初。而至成長時期。日月甚長。故須其母乳養之期。亦不得不久。此生理學之常也。人類雖劣種。其子非受母數年之養育。不能自立。夫母費如許之時日。以養其子。父不稍爲援助。則其生計甚難。是即後編所論家屬所以起。而謂家屬爲人羣之種子也。若男女雜婚時代。夫婦之道未定。雖已生子。而母不知其爲誰何之子。父亦不知其誰爲之父。當此時。必有與其母羣居之男子。相爲扶助。不然。其子必死。民種亦絕也。故產子之事。是使數原人相合而爲生活。至成協力分勞人羣之因也。

第三節　原人之感覺

原人心思意氣。所關重要。今分為感覺、情慾、智識三種。論之。

一感覺銳敏。技術未開之原人。皆擒飛鳥。捕走獸。以保生命。得之則生。不得則死。故由自然淘汰之理。其感覺遂漸而銳敏。亞非利加之夫施孟人。其眼之銳。如望遠鏡。亞細亞洲中加冷人。及西伯利亞平原之野番。能以肉眼分察遠方之物。遠過於開明人。亞美利加夫拉治之土番。及焦卑士人。能聽人所難聽之微音。能視人所難視之細物。其他印度之依他人。聽蜜蜂之聲。而能尋蜂窠之所在。其他可驚駭之事甚多。不遑枚舉。

二觀察敏捷。下等民種。感覺之力既銳敏。其觀察力亦因之精密。如卑因人。觀察外形上。及追索人畜之蹤跡。極為巧妙。陀拉瑪人。牛馬之形一觸其目。永不能忘。北亞美利加之智璧窪人。陀高他人。識山川林叢之位置。非外人所能及。其最可驚者。南亞美利加之諸民種中。亞拉窪人。見歐羅巴人足跡。便知其經過之人數。及經過之時間。言之無誤。又知亞拿之土人。於路上僅見足跡。便知經過其處之男女幼兒之數。如魔術焉。此事屢見於歐羅巴人之旅行日記。又野蠻人種之巧於投石射箭。以捕鳥獸。全因觀察之敏捷。此固自然淘汰事使然。於原人之生存。雖似有利。然其結成大羣之難。未始不由乎此。蓋人之心力有定限。對外物所費感覺多。則心中所費思慮不得不少。思慮少則智力不進。智力不進。則生活之術亦拙。而協力分勞不起。試觀開明人中。幼兒比大人。感覺敏而智力薄。男子比女子。智力深而知覺鈍。蓋精於理論者。迂於實際。此固必然之理歟。

第三節　原人之情慾

一性情躁急。躁急云者。一見物遇事。情慾所發。絕不能制。更無思慮前後。便即作爲。此東西古今。劣等人種中屢驗之事。蓋智力未進。祇見目前。思想單簡。不及考過去未來所致也。就亞細亞而言。則加抹沙斯亞人。性極輕急。雖細微之事。直如發狂。甚至自殺。加路幾治人。及卑因人。易喜易怒。變化無常。亞刺伯人因一錢之事。爭辯半日。或遇乞丐。直與以百數十元。絕無吝惜之意。其他安他孟人。他士瑪利人。澳大利亞人。有此性質之野蠻人種。不可勝數。要而言之。開化之度愈低者。此性質愈深。觀開明國人。其幼稚之時。比成長之後。其性必急。正如野蠻人絕無思慮之時。夫協力分勞云者。必相約相助。始相信用。使人人皆性急喜怒變化無常。則萬無協合之理也。

二心力不足。凡人備後日缺乏之用意者。因能思慮前後而起。在今日開明人中。視之若固有之事。然當原人時代。實有不可思議者。原人其性既急。除目前之事。一無所見。深謀遠慮。更無待言。故或得果實。或獲鳥獸。不問多少。盡食無遺。澳大利人。凡事之利益。不在目前。而在後日者。決不用力。大施孟人。有食時飽食幾死。無食時寧爲饑渴。其他滔打人。爹他人。加路幾治人。及南北亞美利加之土人。莫不如是。此皆因不思將來。無豫備後日之念。故至此也。

三固守氣習。開明人與未開明人較。又上等人與下等人較。其識見發達之度愈低者。其固守舊習。嫌惡改更之情愈深。試觀今日人類之俗人。不問何事。亦俱因陋就簡。視改革爲畏途。況原人之腦髓。成熟極早。一成不變。其與新奇事物之不相容。又曷足怪耶。波拉沙之黑人曾明言曰。我父所爲如斯。則我終身亦當如斯。又阿亞人。其禁令云。有擬歐羅巴人之風俗形式者。科以罰金。且此性質。雖聚合羣居。亦皆守同一之習。必無一人出而革故鼎新者。尙望其自出機杼。作新技術。製新器藝。以上競爭之場耶。故固守氣習一事。是亦妨原人協力分勞之一因也。

四放逸不羈。夫優等人類。自結成大羣以來。經數世之薰陶。歷幾許之經驗。故非從君主之命令。卽從國家之法律。至原人則既無薰陶。復無經驗。且以智力未能發達。無前後之思慮。故萬事皆從意之所欲。爲絕不令他人之容喙。受他人之制馭者也。馬來半島安滔拉人之風俗記曰。此地之土番。苟不自由。一日亦不能安其室。各人之舉動。傍若無人。少有不和。便即離散。又記勃路歷島內地土人之風俗曰。此人曾無與他人和親之事。卽所生之子。稍有自活之力。卽與親決絕。永不相思。夫拉治之土番。幼少之時。雖似從順。及至婚期。遂如脫絆之馬。烈波差人寧窮乏至死。不肯受他人之約束。加里頗人。及印度諸山屬等。皆放逸不羈。不好從服命令。於生存稍易之地。其土人必含以上之性質。故欲其團結而成大羣頗難。互乏愛他人之情。原人既好獨立不羈。則於絕不相識之人。決不親愛。固不待言。夫既爲我妻。既爲我子。愛他之情自不容已。不知一男一女之定婚。於人羣進化。族制開展。乃有此事。於太古蒙昧之世。未易言者。故原人一如禽獸。只乘情慾之發動。朝處夕別。無定爲配偶者。又無定爲我妻我子者。雖夫妻親子之間。絕無親愛之情。加里蒿尼亞之土民。無婚禮之儀式。無婚姻之契約。只縱情慾。媾接既卒。又等路人。

第四節　原人之智識

論原人之智識。當先言智力之如何。夫智力所以鑑定宇宙間事物之眞理者也。其眞理雖存於事物。然有時事雖粗淺。理却精深。故非五官之感覺所得知。且事物之眞理各異。亦非觀察一二事物。即能了解。故必先觀察各種事物。於其含同一之眞理者。先爲擇出。復於其中。彼此相較。消除其相異之點。抽析其相同之點。是卽眞理之所在。故智力之進。必由經驗之多。經驗少者。智力位於劣等。其所知眞理。亦從而少。固無俟言。然原人經驗事物之少。其故有二。其一經驗事物之時期短也。原人生命。比之開明人頗短。且記憶之腦力亦弱。單簡言語之外。無文字之記錄。先祖經驗。無由傳之後人。雖間有留傳。一涉數載。便卽喪失。非若開明人之有口碑。有文獻等也。其二經驗事物之地狹也。原人一生所經之地。不出數十里之外。與他處人民。既絕無交際。且無記錄。以傳他處之事物。縱漂泊無常。亦只一偏隅之地。此外絕無經驗也。今舉其結果之重大者。徵之事實如左。

一無抽析之觀念。凡開明之國。皆能辨物正名。抽析云者。總括事物而抽析之。此斷非觀察一二偶像事物所得而知。必經驗頗富。乃能此也。如原人云光明。或言日輪之光明。或言燈火之光明。初無分別日光與火光之詞。又洗手洗足洗面。雖有種種之言語。絕無獨舉洗之一字而言。又殺敵殺親殺子。雖有種種之言語。又無剖晰殺字之意之詞。於草木動物。顏色聲音。亦絕無剖晰。付以名號。下等民種。至今尚多。而況於太古之原人耶。抽析之觀念。爲智力之本源。無此而欲其改良生存之術。脫蠻夷之陋俗。豈不難歟。

二不解數理。數目爲抽析觀念中之一種。故原人不能解數理。現存劣等人種。其例極多。亞非利加之他瑪拉人。不能計五以上之數。何則、數祇於五。得以指而加減。至五以外。則指所不及數。故交易之時。必一物一物。互相交換。譬如以牛一頭。易米二包。自然與米四包。得牛二頭。可憐他瑪拉人。不曉此理。不得不先交二包。取牛一頭。再交二包。又取牛一頭。

三不知原因結果之理。此理爲抽析觀念中之稍深者。雖稍開明之人民。亦必經久乃能如此。宇宙之萬有。無不有原因結果之理。故必先於一事一物。各考求其原因結果。而後天地間各種之物體。及古今東西凡百之人事。乃能知其由此原因。生此結果。且錯雜紛紜。千種萬狀。實無窮之事理。必要莫大之經驗。生命短。見聞狹。記憶弱。無文字記錄之原人。決不能知。其例頗多。無暇枚舉。

四不知自然之理。此理尤爲抽析思想之精奧者。閱歷極多。方知其理。如物質必有相引之勢。生物必有死亡之時。金屬合熱則膨脹等。此皆自然之理。無論何時何地。毫無增減變更。故欲知其所以然之故。必先知此理之付於此物。然後能知其爲萬世不易。然非經驗廣而閱歷多。則未易知此。以原人朝夕奔走山林。所見所聞。絕無異狀。其不能知此理。固其宜也。

五無合理逆理之別。合理者謂合於自然之理。逆理者謂逆於自然之理。原人不能知理付於物。卽能知之。亦不能知其常不變易。故其見聞逆理之事。亦絕不怪異。亦猶幼孩之聞怪說虛語。絕不驚異而信以爲然也。故劣等人種。或謂疾病爲鬼神所祟。或擊鳥獸而蒙損害。則謂因瀆神而受罰。或敗於戰鬬。則謂觸鬼神之怒。此皆以閱歷短。經驗少。抽析之思想。尙未發達。故起此妄信也。至妄信之起原。詳於宗教進化篇。此不具詳。

六智力之成熟早。前論原人腦髓。成熟過早。智識一成而不變。至其智力、亦同此理。如澳大利亞亞美利加之黑人種。埃及尼羅河畔之黑人種。安他孟人聖治蘭人等。幼稚之時。習單簡事業。比開明人之子弟。尤速。然智力早爲成熟。一遇稍爲錯雜之事。便茫然不解。澳大利亞人出二十歲。智力漸退。至四十歲。殆全消滅。故其智力一旦成熟。後雖閱歷何等新奇事物。其智識決不能上達。觀開明國之老人。遇有新異之思想及事物等。概皆擯斥。至原人及劣等人種。則自幼壯之年。已有如此思想。故即令能永其年。因閱歷而開智識之時期。甚爲短少。其智力終爲劣等。理固然也。

總而言之。原人身體性質之中。除生殖力之外。其體格、感覺、情慾、智識、皆於人羣發生。有害而無益。縱令生長於外部適宜之地。而無改變內部之原因。雖經幾千百年。原人依然原人。萬難結成大羣。最顯而易見也。

第四章　人羣發生之相互要質即因生存競爭之理所以協力分勞而

聚合

第一節　人羣之發生不外因夫生存競爭

難者曰。如前所述原人之外部事情與內部事情皆礙發生。然則使彼等結成大羣之事情果無之歟。答之曰。立於外部與內部之間獨有一事。卽自一原人之身。對於他原人之身是也。西洋哲學家指示此事。未得適當之名詞。故今暫稱爲相互之要質。卽數原人。萃於一處。生存於同時。其相互之關係。及相互之生存也。相互之生存旣起。則競爭固有必然之理。必至之勢。此卽爲大羣發生之起點也。

第二節　因優勝劣敗之理原人得成部落

太古蒙昧之世。人術未開。耕作建築之業未起。食物祇自然之果實。禽獸。住居祇天然之岩洞窟穴。然果實禽獸。岩洞窟穴。其數不多。以數多原人相競。勢必爭鬭。況原人自愛之情深。愛人之情淺。性情火急。不能忍怒。爭鬭之烈。固無待言。且岩洞窟穴。猛獸所棲。非驅之勝之。未易爲人所居。以生存競爭之故。遂不得不戰鬭。

其戰鬬之結果有二。皆直接而助人羣之發生者也。

一因生存競爭。而協力聚合之所以起也。夫當競爭生存。如何而得勝。以占據果實洞窟。保全生命乎。又如何則負。至失其食物居住。迫饑餓。暴風雨。或死或衰弱。不能蕃殖子孫乎。必一人孤立而戰者負。數人協合而戰者勝。雖一人强有力。難弱敵者十人。此理勢所使然。故不好團合。孤立而與猛獸敵人鬬者。其子孫卒至滅絕。反是則子孫繁榮。其羣愈大。因此之故。皆漸稟與人協合之性質。且遺傳於子孫。此即協力聚合之所以起。亦即人羣之發達。皆由此而萌芽者也。

一因生存競爭。而分勞之所以起也。夫衆人協力而聚合。人口必漸增加。然天然之果實洞窟。亦必漸少。則聚合與聚合之間。其生存競爭。又不能免。然此時之競爭。如何則勝。如何則敗乎。必人如散沙。各自思鬬者負而滅亡。於衆人之中。有一指揮者。從其意。合其謀。以相鬬者勝而存立。故從指揮者之命令者。聚合益多。且併吞他人之聚合。反是則逐漸衰滅。天下至絕其跡。此地球諸邦。雖劣等民種。苟有生存競爭之地。所以必有指揮者及酋長等。是即指揮者與被指揮者。即從其命令之人所以分其勞而爲分勞之原始也。如他士瑪利人。平時別無君長。亦無撰舉君長之法。然當戰時。各部落之人民。皆從酋長指揮。又和爾摸沙島誌曰。彼輩開戰。雖無大將。然戰時能奮勇多取首級者。即舉而爲首魁。謀事時皆從其指揮。又觀加抹沙斯亞人之聚合。昔時只受老者及勇力者之指揮。別無定爲君長者。近被俄羅斯之侵擊。遂至立酋長云。

世之不解人羣學者。謂有國土與人民。即成社會。或盧梭派之政治家。論人羣原始。起於契約。此等皆謬說。不足致信。夫太古原人。焉能爲此繁瑣契約之事哉。是皆不能深求其原因結果之所致者歟。

人羣進化論 卷之二

日本 有賀長雄 著
順德 麥仲華曼宣 譯

第一部 人羣發達篇

凡有生機體之物。自發生而至成熟。分而析之。必有二種之事。其一爲體形之成長。其一爲體制之開展。如植物之自種核而成草木。動物之自胎卵而成禽獸。此即體形之成長也。播無根無葉之核於地。至有司吸收蒸發之枝幹根葉。伏無五體四肢之卵。及其成長。至有司行動、感覺、消化之手足耳目腸胃。此即體制之開展也。人羣亦然。自二十人或數十人之聚合。漸至人口增加。以千萬計。即其成長也。又其原始。初無君臣貴賤之別。後士農工商。至各異其職。各謀其生。即其開展也。茲以次而論其成長開展。

第一章 人羣體形之成長即孳殖子孫團結親族及併吞敵族

第一節 體形成長之原因

成長者生物之通則。試觀古今東西之人羣。無非自微小而至廣大。即如中國黃帝起自崑崙。沿河水而遷移。遂殖民於冀州之近地。其時部下人數。不及今日人口千萬之一也。據禹貢而論。雖云上古時已領有中國全土。其實夏商時代。尚漂泊於洛水之濱。不過一小部落也。羅馬之國祖拉美天拉斯。始建城柵於巴列顛丘。其時部下之民極少。不過收容外族之逃亡。或奪掠他族之婦女。徵之正史。歷歷可見。又如印度之依他人。其初各人家族。漂泊無定。後聚合成羣。南亞非利加之夫施孟人。或十人二十人。合而羣居。他士瑪利人。安他孟人。澳大利亞人。或二十人五十人。集而協力分勞。然只云成長爲生物通則。義猶未足。必有特別之原因。其原因云何。夫云物之成長。必指其形之廣大而言。然其形之廣大。不外自外而加自內而加之二事。至人羣之成長。亦不外人口之自內增加。與自外增加。自內者則人羣之子孫繁殖。自外者即親族合併。與敵族併吞也。

第二節　子孫孳殖

結成人羣之人。自生至死。平均皆有產一子之力。此事初見。如甚能助社會之成長。然考其實情。孳殖必非增加人口之原因。何則。於食糧充足之地。凡一配偶本平均舉三子。或四子。二十年或三十年。人口可增一倍。然未開之人羣。既如前篇所論。無費於生殖之餘力。各人產子之數。平均極少。且以養育之法不開。又多夭折。或當戰爭。以有子不便。或殺其子女。故因內部人之生殖力。以長成社會。頗爲難事。即土地豐饒。食物充足。能令子孫繁榮。人口增加。然其數有定限。若越定限。則酋長之統馭難周。團結之力薄。終至分裂。成無數之小羣而散處各方。此所以一種之言語。而成數種之方言也。觀今日諸邦之野蠻人種。此處十人。彼處五人。相聚而成部落。各部落中。雖有多少之協力分勞。然甲部落與乙部落。絕無關係。只其言語風俗。畧有相同。是可爲自一部落而分出之證據。如北亞美利加之高孟治人。分三大部。各部中有許多小部。陀高他人。亦分七大部。各大部中。又分無數之小部。此皆其初成一小羣。及後人口增加。麕集一處。糧食不足。或酋長之統制。力有不逮。遂至此也。由此觀之。內部人口孳殖。雖爲人羣成長之一原因。然於其初。決非因此而成長。可瞭然而無疑矣。

第三節　親族團結

人口自外增加云者。非一人二三人之謂。如掠奪婦女。及逃亡來歸者。本皆可爲增加之例。然此事至無定。或本國之婦女。被人奪掠。本國之人。逃亡於外。在所不免。故自外云者。謂甲羣與乙羣合併而成一羣也

夫人口增加之後。每分裂而成數部落。有各相離散之勢。至其結合。決非自然而然。必自外迫之。有不得不結合之原因。而始然者。其原因爲何。卽存立之競爭也。夫同一地方。因人口增加。分裂割據。然人雖增加。而適於耕作之地。決無倍增之事。故欲先得豐腴之地。不得不互相競爭。如人羣發生之前。各爭果實洞窟。當此之時。團合他之部落而戰者勝。孤立而戰之部落。勢必敗北。故近鄰之部落。其初

爭地。各相仇視。然忽値外敵之衝擊。則忘平時之恨。協力同心而出戰。及戰鬥持久。咸馴於團結協合。且遺留性質於子孫。遂不輕離散。此即數寡小之小羣。結合而成一繁雜之大羣也。大羣成長。固因存立競爭。然其最握要者。復有四事。一競爭存亡。凡無外敵侵入者。大羣始終不能成長。一部落非因競爭存立而團結者。團結必不能永久。一因競爭而團結者反是。一團結之廣狹。與競爭之大小爲比例。

一地無競爭者。大羣不能成長。濱於北冰洋愛斯蘭頓地方。絕無外敵侵掠。又其人民無征外之氣力。故自上古至今。此處十人。彼處十人。只成寡小之聚合。住海中孤島之人民。亦同此理。

一英雄之一統。不能長久。夫起於酋長之中。恃一己之威力。征服四方。併吞部落。此等英雄。時有一統。然此事不能歸入人羣成長原因之中。其故祇藉一人之武力。威脅而成。其人若死。則其團結。亦即離散。如緬甸之加冷人。合許多之村落。酋長立其上。指揮各部。又常有武勇出衆。稱小拿破侖其人。起於其間。併吞近隣。然其人一死。各處村落之離散獨立。又復如前。亞非利加諸人種。自昔至今。其強勇酋長。常團結許多村落。成一大羣。一非其人。又即分散。

三因存立競爭而團結者。必能永久。夫外有勁敵。征伐防禦。其原因在競爭。不在君長之武力。故君長若死。別立強勇者以代其位而總其成。如北亞美利加之因的章人。其始分六部族。各部獨立。及後結成團體。六部族相合而與英國戰。其他亞非利加之海濱黑人。及內地黑人等。亦以競爭故。團結而成大羣。即開明域中。人民亦必由此而成長。觀猶太人之史。其初皆各處獨立。後伊士歷來人之諸部族。與瑪阿擺人。罌摩拿人。埃開人諸種競爭生存。團合而成一帝國。希臘上古時。部落散亂。至與哥路競爭時。或二三部落。或四五部落。合而成數處之小都會。自西歷四百五十年至五百五十年。英國人民之遠祖索遜人。罌格路人。焦德紐人諸部落。自北歐起。而殖民於英國、時。初無秩序。復無團結。後欲逐卑克人。蘇噶人。

各土番始聯合而侵擊防禦。卒結成而稱七國。又如中國太古有黃帝與蚩尤之戰。又竹書紀年有記貫胸氏長股氏民種來賓之事。可知其初起自崑崙其人民遂與各地之土著諸族。共爭存立。遂至結合而成人羣。西歷四百五十年間。焦頓種族於歐羅巴北部。遷於南方。以開今日日耳曼法蘭西意大利團合而據南方豐饒之地者。其原因蓋與羅馬帝國人民爭存立也。

四人羣之成長。與競爭爲北例。觀希臘史。既如前述。自與哥路戰爭時之小部落聯合後。與隣種競爭益烈。遂復爲雅典斯巴達之兩聯邦。然此二聯邦。其初雖互相爭鬥。卒和合而歸主權於雅典者。蓋與波斯人曾爲古今無比之大戰爭也。西歷四百五十年前後。北歐之焦德紐人團合而與羅馬國交戰。自五百年至八百年間。其所以合而成許多大國者。亦因與隣邦爲長久競爭之故。又英吉利之七國至亞路夫歷大王之時。合而成一王國。蓋其時與丹麥人常爲激列之競爭。非如此無以存立也此外古代之秘魯王國與墨西哥王國。其成長之原因。亦不外此。

第四節　敵族併吞

凡開明之國民。無非由併吞敵國而成。羅馬盛時。西自英吉利。東自希臘之諸屬地。皆爲占領而成絶大帝國。英吉利則併吞愛爾蘭。蘇格蘭。及印度。其他法蘭西日耳曼意大利俄羅斯等。至成今日之廣大。其併吞國數。不可勝數。日本西則熊襲。南則琉球。東北則蝦夷。皆爲併吞。今則併吞臺灣。而欲及朝鮮。即如中國自秦一統以至今日。總不出夫併吞與被併吞二事。北魏則以鮮卑族而併吞晉。元則以蒙古而併吞宋及金遼。往復循環。弱肉强食。此固理勢之所必至。而無可如何者哉。

第二章　人羣體制之開展即統率部供給部通運部之起原

第一節　體制開展之原因

將欲研究有生機體之體制開展。必先知其體制所以起之事情。蓋因其事情之如何。其體制之種類。亦從而異。若概言其所以然之故。則不外除害興利。譬如動物。凡遇害己之物。必或與之抗拒。或避其兇悍。所以有羽毛鱗介爪牙。又須獲食物而保全生命。所以有口舌腸胃。人羣之體制亦然。不外有害存立者除之。有益存立者爭之。蓋非競爭而勝則不能存立。又非勝而奪其土地物產。無以增己之衣食也。千端萬緒。皆因此而定其存亡。故體制不備之人羣。雖一日亦不能存立。由此推之。人羣體制中。必於外有與敵戰爭之部分。於內有專務殖產之部分。二者既立。人羣體制。亦從此起矣。

第二節　統率部之起原

人羣中既有司戰爭之部分。凡事屬此部分而總攬之者。謂之統率部。蓋此後所以監督大羣中各人之行爲。或云宗教。或云政治。其初皆爲與敵戰爭。指揮衆人而起也。

前篇論人羣之發生。謂協力而戰者勝。孤立而戰者負。合衆而從一人之指揮者勝。各自爲戰者負。此蓋人羣之種子。而亦體制開展之萌芽。此卽指揮者與被指揮者之區別。卽後日君長與臣民之區別也。然此時指揮者之權力尚未固定。或戰爭既息。卽便解散。或今日之指揮者。異於明日之指揮者。將欲使其統率部之完全無缺。其權確歸於中央統率者之手。非待其於合戰則勝。分戰則負之理。知之極熟。持之極久。未易至此也。歷驗古今東西。其統率部之所以起。大畧相同。存立競爭。優勝劣敗。理固然歟。

第三節　供給部之起原

供給部云者。專指殖產於內地而言。夫食物之產出。爲人羣存立二大基本之一。非但併吞敵族。卽能存立。必於內地殖產以供給統率者及各人之食物衣服。蓋統率部與供給部交相爲用。必二部既備。外則無敵族之侵害。內則致衣食之豐足。人羣之存立。始可言也。

夫有統率而無供給。人羣之不能存立。與有供給而無統率者同。設非兩部兼備。

存立之基不固。一與他羣競爭。必至滅亡。但於畜牧耕作之業未開。以狩獸捕魚獲食之時。不能分司戰與殖產之職。其男子或爲狩獵或爲戰鬬。初無別稱供給部。及部落團結。大羣成長。人口增加。知牧畜耕耘之利。遂互爭牧場田畝。於是職戰鬬職供給者。始得分別。夫以一人而習兩事。其不便殆難言狀。譬以一人或爲戰爭或爲耕耘。戰鬬既不能盡力。殖產亦必至荒廢。况戰爭無定所。隨敵轉移。故一遇行軍。牧場田畝。必至棄而不顧。故能保持存立之大羣。必使婦女奴隸。留爲衣食生產。强健之男子。出而禦敵。古今能存立之大羣。所以有貴族則從事戰爭。卑族則從事農業之二部也。

第四節　通運部之起原

以戰鬬而謀存立之保全。於是生統率部。以殖產而謀保持其存立。於是生供給部。於二部之間。復有一不可缺之事。是爲通運部。通運部者。於需要物品之地。司運送搬移之事者也。其初本與統率供給二部。合爲一體。及大羣成長。逐漸分別。

成人羣體制中之一大部。

夫羣未及長成。只數處家族聯合。其時男子。有敵則戰鬬防禦。無敵則狩獵牧畜。既無統率部供給部之別。更無須立其中之通運部。各人躬自殖產。躬自衣食。且各處產出之物。大約相同。初無甲乙交易之事。

至人羣雖稍成長。然產出物品。互無大異。交易之事。亦無從起。惟複雜人羣。激戰甚烈。若使農夫自爲輸送。則荒於農事。若使兵卒各來取給。則礙軍務。當此之時。有別分一職。以供給部之物產。運送於統率部之戰塲者。勝而繁興。否則敗亡。於是相習既久。雖戰爭既息。統率部與供給部。絕無關涉之處。亦咸感通運之利便。且各處物品漸有不同。而物品之交易。亦從此起矣。

第五節　三大部中各自開展

人羣之事雖多。總不出此三大部。三部既生。而其中之體制。亦因夫優勝劣敗之理。各自發達。即如統率部。至有政府、宗教、兵備、儀式之事。供給部至有農工、製造家、公司等之事。遞進部至有道路、商賈、郵便、電信、等之事。駁雜繁多。効用漸廣。而天下亦從此多事矣。

第六節　體制之開展分業則進步合業則退步

人羣體制開展之後。復有二要事。一則分勞而易行。一則合業而難成。合業云者。指甲之部分而兼行或乙或丙、或丁等部分之事業、而言者也。

分業進步。凡天下事物。各司其業之部分既多則此部分待彼部分而成立之事。亦必漸衆。試觀體制劣等者。其相需爲用之勢。必少高等者反是。凡有生機體。莫不如是。譬之動物。如蚯蚓、海賊、等。雖斷其身體。或失一手一足。亦不至死。至體制龐雜之禽獸。或傷其一部。失其一肢。忽隕其命。人羣亦然。當無指揮者及被指揮者之區別時。其人或戰或獵。躬製武器。親結茅舍。絕無與他人分勞。俟他人而生存之事。故有時癘疫流行。人數忽減。於其聚合之中絕無變故。即令有指揮者。其人若死。直舉他人而代其位。亦無何等不便之事。若體制既達高等之羣。或一市府。一都會。忽罹災害。一官署。一公司。偶生不測。卽於全體之上。變動異常。譬仰隣郡所出之石炭而營製造。兩處之間。交通忽絕。於全國工業上。卽大受其累。故分勞多者。其相需之度愈深。此蓋體制開展之一結果也。

二合業退步。未解分勞之羣。衆人皆習各種之事業。譬製武器者死。各人以畧知製造之術。卽有代執其業之人。可無缺乏。古代墨西哥人。皆通諸般之技術。秘魯人家族日用所需之物。皆取之宮中。故當此之時。甲可修乙之事業。乙可執丙之工職。驟見似甚利便。然其用力多而成功少。且其器械。粗拙不精。有必然者。此高等人羣。知合業之難行。故兵卒不能爲農夫之業。農夫不能助職工之業。職工不能務指揮之業也。

第三章　統率部之開展卽儀式宗教族制政治之起原

第一節　統率部開展之原因

統率部者。監督衆人之公私行爲。保持人羣之存立而起也。一曰儀式。所以監督對尊者之行爲。二曰宗教。所以監督對鬼神之行爲。三曰族制。所以監督對親族之行爲。四曰政治。所以監督對人羣之行爲。此古來發達之社會。所以必有此四者。統率之而維繫之者也。

大原始之人。祇知有身。初無愛人及謙讓之念。而能令其放棄權利。順從號令。信仰酋長尊崇君上。本爲不可思議之事。及細求其故。必有一人具能服人之資格。乃能至此。其資格爲何。一有勝人之武力者。一於衆人所恐怖之鬼神。能藉其怪異者。（即自稱爲鬼神之所使或爲代理或爲後裔等）一於衆人所尊敬血統之中。爲之長者。一合武力及怪異血統。皆有可尊可從之位置者。四種事情。卽統率部原因之所在。亦卽爲儀式宗教族制政治之源也。

第二節　儀式之起原

凡人遇武力勝己者。知不能抗拒。必有所敬。以表服從之狀。下至獸畜。亦知此理。況心思智慮。遠過於獸畜之人類哉。太古原人。當爭果實洞窟。必有强與弱遇之時。使弱者或逃走。或抗拒。必攖强者之怒。而遭其荼毒。若表降伏之狀。示諂諛之態。則必宥其生命。因自然淘汰之理。遂具一見勝己者。卽表降伏之性質。且傳之子孫。此古今東西。雖蒙昧無智。體制不開。秩序未定。野蠻人之聚合。弱者於强者。必有各種之禮儀也。亞非利加之波烏他人。爲禮時。仰臥而拳其手足。恰如弱犬之遇强犬。陀嵩美人。則靜伏如蠅。暹羅人見貴人時。平伏而以手引胴。不敢擅自起立。（按伏地禮者延頸而待命於强者刀下之意也）日本蝦夷人。雖極蠢愚蒙昧。而其禮式頗繁重。進達官之前。屈腰引足。其狀如蝦。又衆人列坐。先遙向貴人合掌而俯拜。昆道人乞强者之憐憫。平伏而合掌。（按合掌者表甘自受縛而爲俘囚之意也）此諸邦之君長。乘衆庶之敬禮心。特嚴重其儀式。張揚其威勢。威嚇衆人。强行號令。所以杜內亂不和之患者也。古秘魯之帝王。立其權下之酋長。凡面謁時。必使嗅其足。俳治島人之酋長。見部下違平伏之定式。卽隨意毆辱。又爲刑罰時。必切其指。故每日酋長所集之指。積如小山。亞非利加之夭鹽王國。朝拜時有違禮者斬。或於王之御前。誤其坐位一寸。或露裸足者。以大不敬論。由此觀之。爲君主者必立種種之制度。莊嚴其儀式。以固權力。各羣之人。亦相習而重禮儀且以儀。式足增社會之威勢。正社會之秩序。是卽禮儀之起原也。

第三節　宗教之起原

前述力量勝人者。衆人則皆盡其敬禮。然武勇本無定。壯時雖膂力過人。然及老衰。必成疲弱。又今日以勇力。得爲君長。明日忽有勇力者出。其權必至轉徙遞移。將欲一定其主權。本甚難事。惟原人極恐鬼神。故有能藉其怪異者。則其權力自固定而不搖。此卽宗教之原因。夫太古蒙昧之世。其人智力旣劣。又無經驗。不知天律常恆之理。不悟原因結果之事。祇抱荒唐無稽之妄信。謂亡魂可成惡魔而殺敵。又謂能成鬼神而醫疾病。故有能藉其怪異以蠱惑人心者。必爲衆所信服。夫勇力雖可勝人。而不能服人心。至鬼神之力。微妙難測。其恐之尊崇之。萬非勇力所能比。如他士瑪利人。雖受君長之抑制。然其中有秘術能治疾苦者。衆人畏之。必從其語。又阿瑪治之酋長。凡與敵戰。必以魔法祈禱而後合戰。衆人歸服之深淺。視其人魔法効驗之多少。即如中國神農黃帝。亦以醫術而得爲君長。五洲之大。此例極多。甚難枚舉。故社會之人。因敬生畏。團結自深。且咸以人羣之繁榮。皆爲天神地祇所保護。益增其信敬。其君長欲固己之權力。復施百端之術。以獎勵人民之敬信。遂建立廟宇寺觀。捐資以爲神田佛地。或選太子皇族而爲祭主。變本加厲。舉國若狂。此所以無宗教之羣。大地曾不一觀者。職此故也。

第四節　族長之起原

野蠻之世。人與禽獸。無大分別。男女祇乘情慾。朝遇夕離。或一男而婚數女。或一女而通數男。或數男數女。相雜爲婚。初無親子夫婦之倫。故誰爲之子。誰爲之親。皆無由悉。惟當生存競爭之際。一男一女。婚而生子。兩人合力而育其子者。其子身體强健。否則母雖產子。初無爲之父者。助其養育。必飲食不充。卒至柔弱。因優勝劣敗之理。遂各傳定婚之性質。且定婚而後。其生必繁。此雜婚之俗。漸變爲定婚之俗也。因定婚之故。子尊其親。固必然之勢。蓋子若背父之命令。必失其保護。無所依歸。於是順從其親之事漸起。凡與已有血緣者。互相聚合。遂於血統之中。擇一最爲年長者。尊爲宗主。其人若死。則以次而定。自無爭奪相殺之患。此族長所由起也。如中國姓氏之制。養老之制。井田之法。皆可爲族長統率之證。印度之昆道人。其父有專制之權。其諺曰。父者神也。以背父爲極大罪惡。各家族中。皆嚴守家長之命。至死不背。此外猶太人。希臘人。羅馬人。皆自古代而尊族長。現稱國王之事爲堅儆。而其源爲欵年儆。即血族中嫡子之意。又稱親族之事爲堅道列。稱族制之事。爲堅斯普。皆與堅儆之語有關係者也。至以制族而言。則如使長男承繼家族。家長對妻子。有生殺之權。族長有裁判之權。於被害者之親族有復讐之義務。及刑罰九族。皆其例也。

第五節　政治之起原

使宗教之主。族制之長。各異其人。則其間易起紛爭。且衆人之崇仰不一。則統馭不周。故一人不可不兼備數資格。夫太古蒙昧。戰鬬最烈時。必孔武有力者。爲之主。及與敵交戰。復能顯其可驚可恐之怪異。以勝外敵。故其人雖死。人皆畏其亡魂。而敬其子孫。且一男一女。定婚而後。所生之子。其身體武力。比之他人。自然強大。故定婚最早。則其子孫亦必最爲強健。是原人部落之中。武勇最勝之人。卽爲血統絕無混濁之子。武勇出衆之血統。國神後胤之血統。族長之血統。若有合而爲一。則尊崇備至。權力自強。由是出號令。置官職。徵賦稅。以保持其權力。而人民亦知政府之可尊可從。深信而不疑。政府從此而立。官吏從此而設。國民從此而生。是卽政治之起原也。

夫競爭之世。自指揮長而爲政治長。各種事情。皆爲尋常之事。至欲張其威勢。固其權力。則無不謂已爲國神之後裔。卽如中國古代之帝王。必自稱爲伏羲神農黃帝之後裔而爲民種之族長。歐羅巴基督教未播之時。各國之王。皆自稱爲某神之後裔。希臘史曰。希臘之諸民種。皆以耶練爲國祖國神。故人民自稱爲耶里因（即耶穌子孫意味）其都會之王。則自稱爲某神之後胤。北歐諸邦之人民。自稱爲阿典蘇路士等神之子孫。其王公亦云繼此神之血統。

第四章　供給部之開展卽產業分地之起原

第一節　供給部開展之原因

供給部者。以内地各物產供給本羣者也。人羣狹小時。東西南北。所產之物。大約相同。於畜牧之羣。則祇牧養牛羊。耕作之羣。則祇樹殖米麥。及團合親族。吞併敵族。人羣稍爲成長。境土亦漸擴充。始得產業異其種類之地。而各方之產業。乃進龐雜者也。設内地物產寥寥。卽能併吞敵族。然殖產不盛。衣食不充。則地雖廣而無益。故欲產業繁興。非得適於產業之地。仍未易至此也。

第二節　產業分地之起原

物產之種類。因地而異。故境土既廣。有物產異種之部分。則產業之種類。亦因之而異。譬如植物繁殖之地。則專行耕作。於近湖海之地。則漁獵而製鹽。山林之地。

則斬伐樹木及行之既久。則各處用其所長。不須增加勞力。自增物產之量數。各處採其所異。不須增加勞力。自增物產之種類。此生計學所熟論者也。如俳治人。雖劣等。然其羣島所產各異。於甲島出竹器。於乙島出染草。又亞非利加之羅鬃哥海岸之民。或業捕魚。或蒸發海水而取鹽。又亞施章治之有專製陶器之村落。是皆因土地之宜。而分其產業者也。

第三節　供給部之被統率部管轄

前章所述。統率部者。所以統率各人而與敵爭及行之既久。卽雖平時。亦至監督人羣之公私行爲。供給部亦爲人羣之一部分。則其公私行爲皆被統轄。故雖農夫。亦奉宗敎而從其法。屬親族者。則須從族制。遵儀式。守政法。固無待言。今就供給部之直接而受統率部之監督。試舉一二。如舜典帝曰吁。黎民徂饑。汝后稷播時百穀。又井田之制。雖蠶桑雞豚。亦使各得其所。無失其時。亞細亞屈欵人之酋長。整理下民之耕作。指揮村落之遷徙。規定可耕之地。而令開拓。參他路人之勸勞。皆聽酋長之命。東部亞非利加播種刈穗之時期。皆酋長所決定。佛蘭西於西歷一千年之頃。各地工人。皆其首長親自監督。或與食給金以酬其勞。自一千百年至一千四百年之頃。凡屬可耕之地。苟非僧侶及諸侯。許其耕墾者。不得耕作。降至帝世之時代。於王者所有之地。非買其地。不能從事耕作。至革命之頃。始定人民之製造法。及置視察物產之官吏。可知草昧初開。供給部皆直接而受統率部之管轄。迨綿數世。殖產已成習俗。一至定期。則播種而刈穗。賦稅而納貢。無待監督矣。

第五章　通運部之開展即道路交換市易貨幣販賣商業之起原

第一節　通運部開展之原因

夫人羣未長成時。各人或各部落自產之物。則自用之。無待分配。及併吞敵族。團合親族。供給部與統率部之間。不得不生通運之一部。且產業分地之事既行。甲地之所產。須分配於乙地。乙地之所產。須分配於甲地。卒至萬貨輻輳。絡繹道路。

坐賈行商。日不暇給。逐漸開展。無可限量。雖然。其開展與否。仍視夫其與供給部之關係如何也。

第二節 道路之起原

統率部與供給部。必異其地。何則。統率部者。宜於率衆禦敵之地。供給部者。宜於取給物產之地。土地既異。則取此處之物產。輸運於彼處。則道路是第一要事。然逐水草。漂泊無常之時。初無一定之道路。必境土漸廣。居處既定。或返兵隊所過山野之跡。或尋獸類往復森林之蹤。然後搜羅物品。從事運輸。是即道路之起原也。今日開明諸國。其街衢市巷。雖修潔寬廣。然其始必皆狹窄湫隘。逐漸改良者。嗟夫。因牛涔而成大路。由大路而成馬車道。由馬車道而成汽車道。由汽車道而成電車道。乃進化之理也。

第三節 交換市易貨幣販賣商業之起原

一曰交換。當境土狹小時。其殖產物品。雖有小異。然各處相隔不遠。甲至乙處。乙至甲處。以我所餘。易彼所餘。交換而退。絕無不便。故不論何國。上古交易之法。必以物品互相交換始也。

二曰市易。分業稍爲進步。物產亦漸繁多。各種產業之地。相隔稍遠。需物者必親至供給部而取給。頗爲不便。交換之往復。更費時日。於各人之職業所損甚多。於是約寺觀廟堂之祭日。相集一處。各持其所餘。換其不足。行之既久。遂成風俗。即非祭日。亦定一時日。相會於茲。此卽市之所由起。卽如祝融作市。又易之繫辭曰。神農日中爲市。致天下之民。聚天下之貨。交易而退。各得其所。又參多依島人定期集於淮拉川上而交易物產。亞非利加之諸王國。市之景況。亦稍進步。尼遮川之近傍都邑。四日而開一小市。兩來復日集各都邑而開一大市。古代之墨西哥。日日有小市。五日一大市。非獨古昔爲然。卽至今日。邊部村邑。仍有定一時期。或三日。或五日。設墟市而爲賣買者。觀此更可瞭然矣。

三曰泉幣。夫產物寡少時。欲以甲物易乙種。甚易。若人羣稍成。分業漸進。品物漸多。則我之所餘。未必他之所欲。他之所餘。未必我之所欲。到處尋覓。難得適當。譬我布有餘。欲換一弓。則求弓有餘而欲布者。甚難其人。即有人弓有餘。而此人不欲布而欲靴。又雖有欲我布之人。其人不有弓而有酒。則我爲求其所欲。必先以布易酒。復以酒易靴。然後以靴易弓。故煩數不堪。知其不便。於是同定一物。爲交易媒介之具。或以布。或以通用之品。此貨幣之所由生也。迨探礦冶金之術開。咸知金屬之堅而不變。然後知鑄金銀銅之貨幣。於亞細亞亞剌伯人。其始皆以物易物。近得歐人金貨。始爲通用。印度之昆多人。以牛羊鳥豚禾穀爲通用價値無常。古墨西哥人。通用五種之物品。一醇醪。二縣布。三飾金之鵝毛。四丁字形之銅板。五極薄之錫葉。英吉利人於羅馬時。通用銅鐵之輪。其後用外國之金貨。至西歷七十八年時。始於國內鑄貨幣。即如中國古亦用貝。至周而鑄造金貨。說文曰。貝海甲蟲也。古者貨貝而寶龜。至周而有泉。至秦廢貝行泉。

四曰販賣。區域廣而物產多。以相隔遼遠之人。咸集一市。費時失事。不可言狀。於是有運送甲地之物品。賣於乙地。復自乙地。取買物品。賣於甲地。久則專執此而爲業者。此卽販賣之所由起也。

五曰商業。夫以一人而兼運送販賣之業。虛糜時日。所得無多。何則。販賣時則不能運送。運送時則不能販賣。於是運送販賣。分營其業。運送者則務購買各種物品。運致販賣者。販賣者務受取其物品。而販賣於需要者。各從其便。價值自廉。此卽販賣商業所由區別也。

第四節　通運部之被統率部管轄

夫社會內各人公私行爲。皆被制於統率部。既如前述。則通運者亦爲羣之一人。故其初亦必爲統率部所管轄。亞非利加內地之黑人種。爲酋長者。整理民之市塲。巴他高利人。非經酋長之允許。不得賣武器及衣服等於歐羅巴人。佛蘭西於西歷一千百年。至一千四百年。僧侶及諸侯。嚴管民之產業商業。凡欲爲商賈須納金於其地之豪長。卽如中國古昔。於交易之事。亦甚嚴重視。周禮一書。自知其詳。如鹽鐵二品。雖至今亦嚴爲限制也。

第六章　人羣發達之限際

第一節　人羣發達必有定限

人羣之發達。既至一定之程度。即止步而有成熟之象。如俄羅斯則可謂經彼得而成熟。英國則可謂自七國一統之後。經亞非烈加遼之時代而至威廉第一之朝而成熟。中國則可謂至周而成熟。蓋既成熟之後。已成定靜之體。只有盛衰興廢之變遷而已。譬之人身。男子二十。女子十七八時。既達丁年。體格一定而不變。其中只有健康之增減。智識之進退。於其體格絕無關涉者也。

第二節　成熟之原因

人羣之發達。既如前述。皆因於自然淘汰。卽生存競爭優勝劣敗之理。然亦須其近隣無與之爭存立。故自然淘汰之理不行。而後始能止息。如英國之成熟。在與丹麥人息爭之後。俄之一定國體。在彼得征服四方之後。是其證也。但一言有國。

萬無永久無敵之事。此處所言。指存立以前之敵。非存立以後之敵而言。人羣爭存立之敵。與存立基本既固後。政畧上之敵。大有區別也。

人羣進化論 卷之三

日本 有賀長雄 著
順德 麥仲華曼宣 譯

第三部 國家盛衰篇

第一章 國家盛衰之理即視乎體制中要質之多少虛實及調和與否

第一節 國家盛衰之原因

夫競爭存立。若取勝之羣自能固存立之基。雖其間成長擴充之程度萬有不齊。然既占一定之境土。而有數萬或數百萬之衆。於統率部。則其族制宗教儀式政體。有多少之複雜。供給部則其產業有多少之進步。通運部則其道路交易有多少之發達。凡備此體形及制度之社會。可謂之國家。蓋單言人羣。其義甚廣。專言國家。其義頗狹也。

國家之變動。雖千種萬狀。總而言之。則不出自盛赴衰。自衰赴盛之二義。夫盛衰榮枯。實爲萬國之所有。則人羣學不可不研究其理也。夫盛衰云者。即存立力之增減。譬之人身強盛時。非獨外邪疾疫。不能侵入。且氣力充足。精神爽健。能任勞苦。此即存立力之強者也。當其衰老。則寒暑風雨。輒易感冒。且乏元氣。孱弱遲鈍。此即存立力之弱者也。國亦何獨不然。當其盛時。外患敵國。固不敢輕侮挑釁。國內之事業。亦日臻隆盛。不可壓抑。及際衰運。每因小故。卒釀大亂。即幸而無事。亦只保守舊時之文物。而國力亦不能增加。夫國家存立之力。既有增加。則必有所以增加之理。今將外部內部與相互三者之事情。論其有關於存立之力與否如左。

第一國家外部之事情。於無生機界。則爲氣候地形。於有生機界則爲動物植物。然皆無關於國家盛衰之原因者也。夫地形氣候。非天變地異。則無變化。此亦非常有之事。即有變異。亦祇一方。非及全體。譬中國黃河之決。及往昔伊大利依士卑士火山之破裂。其禍非不酷。然亦祇及於一州府一都市而已。其餘山川寒暖之變化。則更在數百年數千年數萬年之後。於國家更無關也。

有生機界。比之無生機界。變化雖稍繁多。然自全國而言。則仍瑣碎細微。殆不足論。即於動物。蝗蟲多則害禾穀。疫癘起則害人畜。驟觀似甚可慮。然其變亦僅及於數郡數鄉。與國家全體無涉。至於植物。則禾穀不作。以至饑饉。其牽動全國者極少。其害亦止一時。亦非來數十年數世變動之原因也。

第二國家與國家相互之事情。則不外戰鬬親睦之二事。夫既爲成熟之羣。非爭存立之羣。則與外國紛爭。所起之變動。亦只人羣發達上之變動。非國家盛衰上之變動也。至與外國親睦。於全國氣運。非無大變動者。如摸擬外國之制度。輸入外國之思想。傳習外國之技術。以至一新其國之面目。古今東西歷史。不可勝數。然此事亦只因夫國民。究與外國絕無關係。試觀中國動目外國爲夷狄。論其制度。則因襲五倫。論其術藝。則曰奇技淫巧。擯棄排斥。無所不至。又日本二十餘年前。見有摸倣西歐風俗者。輒被暗殺。又印度人與英國人交通。雖經數世。然亦不能吸其文明之空氣。可知取法外國。雖有變動。然其取法與否。其權仍在此而不在彼也。

徵古今之事實。氣候地形。禽獸草木等。既無變動。又與外國交通。而致盛衰之變遷。亦由內國。則國家盛衰之原因。皆由內部之事情。固不待辯而知。茲舉內部事情之變動。關於存立力之增減。揭其理如下。

第二節　內部體制中要質之多少

凡成熟之國。必因統率供給通運三大部而存立。猶身體之有神經筋骨腸胃心肺等。而始能生長。故內部各要質。一有變動。則其存立力。亦從而變化。譬之身體。其神經心肺等。或有變故。則健康之度。生活之力。亦不得不從而變更。故欲知國家盛衰之理由。則爲體制中根本之各要質不可不知。要質增加。則存立力上進。要質減少。則存立力下退。此自然之理也。

凡人羣之要質。發生之後。甚難滅亡。古來因減少而致國之弱衰。固不乏例。然因增加而赴隆盛者。不可勝數。中國孔教未興時。其開明之度。比之興後開明之度甚低。試觀周秦之開明。遠不及漢可知。漢之興也。以孔子之教。爲國之教權。故其道義禮儀政體教化文學。有益於國家存立之事。日新月異。卒至數百年之隆盛。若秦則燒其書。焚其人。故不數十年而亡。又歐洲諸國。自物理學之開。製造工業發達以後之盛運。優於前代。不可道里計。故有謂今日之開明。爲蒸氣機之結果等語。及印版之術一明。助於世界之開明。尤爲不少。此即因要質增加之證也。

第三節　要質之虛實

體制之要質。實多者存立之力强。虛多者存立之力弱。實者謂適於用。而於國之存立有實効者。虛者謂徒有其名。而於國之存立有害而無益者也。凡有生機體。其初本無無實効之要質。當其有用時。本能助人羣之進化。惟既進步。則此要質。已成無用。而仍不消滅。則非獨不能助人羣之進步。却爲妨害。其例實不可勝數。如以帝王爲國神之後裔。當其以之震懾天下。威服衆心。本甚握要。然其後變本加厲。遂謂天皇神聖。非下民之所得見。深居九重。不理外事。祗受大臣之膜拜。遂至上下壅塞。政權下逮之弊。又封功授土。使爲其地方長。以治王威不逮之地。本甚得計。其後禍亂雖平。諸侯仍握權力。至有跋扈不臣。覬覦非望之事。如尊君抑民之義。思不出位之說。行於據亂世則可。後人執一而論。遂至束縛人智。使人人思想不能發達。基督教本救羅馬晚世德義之腐敗。其效極大。終箝制智識。至歐洲中世之黑闇。昔時費巨萬貨財。創立社廟寺院。當時誘導民心。效績偉大。然至今神道佛法。於治國平天下之業。絕無裨益。而神廟佛寺。仍充斥大地。非獨虛糜財貨。其愚民惑衆。使人寧背天下之公理。而守無稽之妄信。害誠不少。又卽其小者言之、如稱人爲貴上足下。自稱爲僕不佞等。於上古戰國之時。遇强悍過我者。媚之以避其怒。諛之以邀其喜。此時本爲實用。然今日已非强凌弱。衆暴寡之時。仍用此等之尊稱敬語。雖非有害。却屬虛文。此皆效用既畢。而仍保持舊物之證也。

第四節　要質之調和與否

要質之調和與否。存立力之強弱亦因之。如互相軋轢。甲妨乙。乙害丙。則其要質即實而不虛。亦必無實効。試觀歐洲各國史其盛時決非宗教與政治相軋。王權與民權角鬬時。如英國埃利查卑士之代。佛國路易十四世之時。正政治宗教工藝商業。武備文事。悉相調和之時。又如漢武昭及光武明章時。帝室之權、孔子之學。禮儀產業。互相調和。互相扶助。聲名文物。始達完美。然至漢末魏晉。帝室之權。大臣之權。孔子之敎。軋轢損害。卒至衰頹。譬之今日。欲修西洋之學者。苦無實用之地。欲修舊時之學問者不免頑固之誹。一擧足。一跬步。如有抵觸。是卽不調和之標也。

以上所云。皆所以使人羣得協力分勞者也。夫人羣爲協力分勞人類之所聚。然要質之數少。則分勞不能充分。不調和則協力不能充分。虛空則分勞協力。皆不能充分。此因自然之理歟。

第二章　社會成熟之狀態卽君主專制之起原

第一節　國家之始必有專制君主

夫一致同心者。強大之源。分離不和者。衰弱之種。然人類自私自利。道德之念未起時。能使之同心一致者。必藉君主強壓之力。故不問古今東西。凡社會發達。初成國家之時。君主專制之所以必行也。中國日本印度波斯固無待言。秘魯墨西哥初被歐人征服時。仍有專制之君主。希臘古代各都會。皆有專制王。絕無限制其權力之制度。羅馬該撒之時。既有君主專制之實。至澳亞士打士帝。名實皆陷於專制。英吉利西歷九百年至一千年之間。其國王已握專制之權。佛蘭西之開國。阿路卑士王。奠都巴黎時。亦行專制。至俄國之立國。在彼得時。而彼得者。古今有名之專制家也。雖開國時。非無一二大羣。無專制君主。如希臘各都。雖有專制王。而都會聯合之上。無一統之專制帝王等。其時蓋有禁壓專制之特別原因。固不在此例也。

第二節　國家之始統率部之四權皆集於君主一人

國家之始。其君主必爲宗敎族制儀式政治之長。總理萬機。凡事無不決於已意。至委政治於宰相。或置僧巫總神敎之事務。置大將而總督軍事。皆後起之事。其初決無有也。其所以然之故。既詳前篇。今再舉例以爲證。如帝堯謂爲帝嚳之子。帝嚳爲黃帝之曾孫。舜爲黃帝八世孫。禹爲顓頊之孫。殷湯又自稱帝嚳之子契之後裔。代代帝王。皆自稱爲族制之長。禮天帝及社稷百神。亦天子爲之主。凡有戰爭。大將則曰天子。燮理農事。亦曰天子。希臘各都會之王。謂其先祖自佛連標士之神。授以權力。故以神聖之遺物。傳之子孫。戰時則握總督人民之權。平時則代民祈禱供獻。其人民目爲神之後裔。又有爲被神選舉之人。今日歐羅巴諸國帝王所以不自稱爲國神之子孫者。實中世被化於基督敎者也。

第三節　國家之初一國與箇人之權利

國家之初。箇人（卽一人）全無權利。權利云者。各人得隨已意而作爲之謂。然君主專制。時。箇人之生命財產勞力。皆隨君主之意。蓋人羣之得成熟而爲國者。皆出競爭存立而得勝利。然得勝利之故在能統括衆心。使從號令。其號令無所不行。其國家之存立。乃始强固。當時之國家。爲對外敵而保全人羣。故計保全人羣之事爲主。計保全箇人之事爲從也。

君主專制一事。於人羣進化之途。必經一度。則專制實於人羣之開明。有絕大之功。何則。人類之始。禽獸無別。只有利己之心。絕無愛人之念。常相爭鬬。常相殺戮。至今日而能互相親睦。互相協合。尊崇他人之權利者。實由數世之專制。枉我之意。壓我之慾。馴於從服他人之意。乃能至此。則專制者非民權之敵。乃民權之祖也。

第四節　專制之永久

君主專制。非獨威權隆盛且能永久。何則。社會之初。民智未開。曚昧無識。一切所以爲生活者。皆茫然無措。有人爲之興利除害。代爲經理。自然尊崇敬仰。無所不至。非獨不爲抵抗。且樂爲之竭忠效順。故父傳之子。子傳之孫。馴服之心思薰染腦髓。以爲人生之初。自當服從君主之命令。遂成一種極正極大之道理。且爲人民固有之氣習。此中國直至今日。其制仍不少變。埃及之帝權。亦相繼而至幾千年者。職此故也。

第三章　君主專制之破壞即戰國擾亂之起原

第一節　專制破壞之原因

關於存立之事情。有變動時。人羣存立之狀態。亦因之而異。故人羣成熟。即變爲專制國家。而行之既久。亦不得不變化。蓋專制之起。實因競爭存立。爲團結衆心之用。然競爭既勝。國外亦無可恐之敵。且衆人馴於團合。無藉專制之約束。則所以保持此團合之專制權力。亦歸於無用。此即專制破壞之原因也。凡物用之則存。不用則廢。暗洞之魚盲目。達摩之足腐敗。即此理也。

第二節　權力下移

專制君主。以一人而兼宗敎之長。族制之長。禮儀之長。政治之長數資格。然社會既已成熟。境土既廣。人口亦多。日有萬機。以君主一人。萬難兼攝。故必用一人數人分理各事。而己總其成。此古今專制國之通例也。其所使之人。或以親戚近支。或以寵臣近習。或以人民中之族長。或以有戰功殊勳者。雖其所以任之之資格。因夫時地及委之之事務。亦各國不同。然至其使人分任之事。則古今一轍。此代理庶政之人。即爲專制破壞之動機。其故有二。一爲君主之權力移於代理之手。一爲代理者之間。互相爭奪。

權力移於代理之手。亦有故焉。夫競爭方烈時。統馭稍有不周。因優勝劣敗之理。即至滅亡。故躬攬萬機。無敢或懈。及競爭既息。無外憂內患。日久太平。遂怠於政事。萬事委之近習。其故一。以族長而爲君主。世襲其位。其初以之威服衆心。固統率部之權力。固甚有益。然競爭既息。則不藉夫此。乃尙守世襲之例。一遇沖幼之主。昏愚之君。繼登大寶。政權雖欲不下移。亦不可得。故君位世襲之例。却減君權。

其故二。以君主爲國神之後胤。藉神威而固君權。其初本亦甚善。然過於尊嚴。君民隔絕。上下壅塞。至有謂天子所以貴者。以羣臣莫得見其面爲言。於是執政者。恣所欲爲。無所忌憚。故君王神聖之說。却損君權。其故三也。

第三節　成戰國擾亂之世

政權一移於執政。必生內亂。何則。投骨於地。衆狗必爭。於是各樹黨羽。互相傾軋。阿柄倒持。君主之權。不行於下。或爲篡弒之舉。或爲割據之謀。各動干戈。相決勝敗。雖或得一時。稍爲靜謐。然幾成世讐。相尋無已。稍示微弱。即遂併吞。故亂而復治。治而復亂。治亂循環。殆無止期。古今東西之人羣。莫不如是。無待證據。自可瞭然矣。

第四節　戰國擾亂之世國家衰弱

內亂爲國家衰弱之本。戰國擾亂。爲內亂之一種。則當其時。國家衰弱。理固宜然。何則。干戈滿地。人心惶惶。農不就耕。女不就織。車轍馬跡之所過。蹂躪不堪。牙旗大纛之所指。焚殺殆盡。此所以干戈之後。繼以凶年。兵燹之餘。幾成荒土。重以盜賊充斥。隨意刼掠。道路梗塞。無以交通。物產無以轉輸。商業爲之不振。欲民氣之不凋敝。國力之不衰萎。豈可得耶。

第五節　戰國擾亂之世國家與箇人之權利

專制時代。箇人之權利。全被剝奪。毫無自由。至戰國擾亂時。雖非人人皆得自由。然割據分爭。或爲諸侯。或爲霸者。君主而外。仍有人能自由者。故於比較上非無多少之進步。夫競爭之世。所以有君主者。爲人羣存立而起。當時君主之權利。非一己之權利。實人羣全體之權利。然社會成熟。競爭既止。雖無君主。亦可存立。則此時君主之權利。非人羣全體之權利。乃一己之權利。故專制之世。有自由之權利者。獨君主一人而已。

第四章　自戰國擾亂而至教權一統之世

第一節　教權一統之原因

凡原因不變。則其結果千世萬年。亦不能變。夫擾亂之原因。在箇人之權力。與國家之權力。互相爭鬬。故必有所以和解之。使得平均。然足統率衆心。息其爭鬬。和解二權者。不在武力。蓋武力只備於一人。非備於衆人。則戰爭雖息。一人之權力有餘。衆人之權力不足。故非獨不能和解。却釀紛亂。即武力可以解紛。然世世子孫。武力未必能相繼。故永遠之平和。亦未可期也。

則所以使其永不相爭之勢力維何。曰智力是也。夫智力云者。苟非瘋癲白痴。人皆有之。故擾亂之末。必有競其智力而立。所以制其行爲之理論者。蓋武力則自外而逼迫。而智力則自內而轉移。剛柔得中。緩急有度。使握權勢之箇人。(即天子諸侯貴者等)永得保其權力。而一般人民。亦得立其權力。而免慘酷之壓抑。是即自戰國而至致權之世之原因也。

第二節　致權之所本

夫云競智力而制其行爲者。約言之。則不外使人知善當爲。惡不當爲之理。然云善云惡。必有所據以爲定善惡邪正之標準。凡言善惡。言長短。言輕重。言高低等。皆非定名。因其標準而異。譬有一物。以樹木爲標準。則爲高以山嶺爲標準。則爲低。以尺而度則爲長。以丈而量則爲短。善惡亦然。對一人之利而言。則爲善行。對國家之利而言。則爲惡事。爲親則爲善事。爲子則爲惡事。故當戰國之末。競智力。立理論。不得無所依據而爲基本。更不得不採人所信用而不疑者。而爲依據。當時所據。不外二事。一爲崇鬼神。二爲守族制。此二者當競爭之世。既足固君主之權力。而勝外敵。君主專制。雖已破壞。然仍爲衆心所歸依。深信而不疑。則據此而立論。其足以制人也固宜。

第三節　教權之本於宗教

敬畏鬼神之念。薰染既深。故雖經戰國擾亂。未易滅滅。當此之時。若有能乘其勢。藉神力。以傳播教理者。必皆靡然相從。如水就下。即上至王公。亦必採用之。保護之。奉爲國教。以助己之權力。故無論何國宗教。其教權之始。不外自葬式祭禮等而成立。此時尚未得謂爲宗教教法。然此後宗教上之精深理論。亦隨之而起。如印度婆羅門教中佛法之起。猶太中基督教之起是也。夫基督教之初起。正在羅馬帝國專制腐敗。風俗紊亂。二權爭競之末。此後次第傳播。經三百年之通塞。至君士但丁帝之時。卒登國教之地位。要之基督教者。勸人以崇上帝。愛他人。潔自已三事。守之者昇天堂。背之者入地獄。至其大旨。無非所以止國家與箇人權力之角爭。何則。人苟常愛他人。復以已之所欲而施之人。國家因何而紛亂耶。又釋迦之起。創空虛寂滅之理論。而制人之貪慾私情。亦因印度當時之擾亂雖治而起。觀狗尸那國。遮羅國。羅摩國。毗留提國。迦毗羅衛國。毗舍利國。摩竭提國等。列國爭鬪之名。皆被化於釋迦可知。雖佛法之旨。深奧精渺。殆難盡知。然大乘之言去輪迴之苦。歸寂滅涅槃。小乘之言五戒十戒。自人羣學而觀。則其意使人知權力爲假有實無。不足爭辨。以醫人羣之紛擾。（雖輪迴寂滅等論與敬信鬼神之念似無關係然其實亦自妄信鬼神而出說詳宗教進化論）大乘深遠。非世俗之所得解。故使衆人歸服。不若小乘者也。夫使人皆棄己之權力。即王位富貴品位等不與國家爭人羣之能保平和固其所也。

第四節　教權之本於族制

重血統。守族制。際存立之競爭。實爲團結衆人之一事。故入人既深。據之以立教權。亦足以和解二權之爭角。試觀一統教權之孔子。夫孔子者。不語怪力亂神。又曰敬鬼神而遠。然亦屢言天言帝言鬼神無所不包。但其教理。非本據鬼神。蓋據上古族長政治以爲基本。以制限各人之權力。觀齊葉公問政。孔子曰。君君臣臣。父父子子。此言雖簡單。然儒教之所以限制人之權力。而爲政治之本者。亦皆在此。何則天下爲君爲臣爲父爲子之法。雖有種種。然孔子直捷指點。謂君之道仁也。臣之道忠也。父之道慈也。子之道孝也。夫忠愛慈孝。自人羣學而見則編制社會。如一家族。爲君父者。用其權力。則不離夫仁慈。爲臣子者。享其權力。不離夫忠孝之道。則各人權力。自互相調和而不紛亂也。

由此言之。儒教之有實効於世。非佛教基督之所比。其故有二。其一爲現身說法與人相近。儒教以族長政治爲基本。故使各人於家族中見爲父愛其子。爲子孝其父。一家和睦者興。否則衰而亂。遂悟和睦之美利。即家族之模範。以立國家之制。故信從既易。且收效亦速。故儒教之極樂世界。比之虛渺無稽基督教之天堂。佛教之樂園。較爲切近而易行也。其二爲和解二權角爭之法。亦爲完善。蓋戰國擾亂。君主之權力。與人羣全體之權力。兩不相容。而儒教則立兩不相妨之法。於爲君主者。則說仁義。爲臣民者。則說忠順。其權力遂得兩立。夫佛教之慈悲。基督教之親愛。與儒教之言仁愛。其使人擲棄己之權力。而全人之權力。雖大同小異。然於君主之地位。與臣民之地位。不立界限。是其所短。蓋君民之差別。於人羣進化之途。必經一度。此基督教之遲之又久。而不能成國教者也。至近有謂儒教不入宗教家之說。以不託神道之故。此未深知孔教耳。（孔子之道。博大精深。幽有鬼神。而三世之義。乃專言進化之理者。）

第五節　教權之種類依國家之來歷而異

於戰國之末。所起之教權。或本宗教。或本族制。既如前論。至其實則無論何處之教。必兼此二事。如儒教雖不多言天帝鬼神之事。然徵之詩書易禮春秋。其言維帝上天災異等事。不可勝數。且其祀先祖之靈。設宗廟之禮。亦皆自敬鬼神之念而出者也。於基督教之言族制。亦未嘗無。如以父母爲最可敬。又謂法王爲波。即父之義。又稱巴利亞。即族長之義。但雖皆本此二事。然仍不無多少之別。其國當存立競爭之際。衆人畏鬼神之念深者。則後起之教權。亦偏重於宗教之體。又敬族長之念深者後起之教權。其體裁亦偏重於族制。如印度以爲天地間可驚可怖之物極多。人民惑溺殊深。故以敬信鬼神之說。團結人心。最爲得力。遂以宗教爲教權。又中國上古族長之制盛行。故儒教遂以族制爲教權。此皆自然而然。非人力之所能爲者也。

第六節　獨斷教之起原

戰國擾亂之末。非依智識。不能調和君主與人羣全體之權力。然民智漸開。恐怖鬼神之念漸減。人稍通達。守族制之念亦漸薄。於是有本人類之天性、及慾望、氣習、博愛、節儉等。據之以立教權者。此獨斷教之所由起也。如希臘人比之他國人民。敬鬼神守族制之念本甚淺薄。蓋彼地人民。由各種族而聚合。本非一種之民族。且其地形極爲龐雜。各處皆有獨立之勢。始終無團結而立於一統之下。故所崇尙之鬼神。孰眞孰僞。莫衷一是。故敬信之念甚淺。至於族制。則古來都會之民。幾經變動。氏族血統。甚爲紊亂。故守族制之念。亦早消滅。且希臘諸方。瀕於地中海。與沿海諸國。早開交通。見開明國之文物制度既多。故固守本國宗教及族制之風俗亦因之而薄。因此之故。希臘經數世擾亂之後。耶蘇紀元前三百五十年前後。蘇革拉底亞里士德路埃皐孤拉等之學者。放言橫議。各成一家之言。以經營天下。即深於敬鬼神守族制之人羣。當教未統一。亦有出而立獨斷教者。如中國戰國之末。有老莊楊墨之輩。於印度佛家之所謂外道等是也。

此等理論。不問其立論之是與否。不問其能和解二權與否。於解發人之智識。雖未嘗無少補。然其勢力本不能一統。何則。以一人之思想而各立理論。甲是乙非。頗難決定。非若本鬼神族制者之合於衆人之心腦易使信仰。故理論與理論之間。必起紛爭。永無統一之期。即如希臘之人。早已脫惑溺捨妄信而進於智識之世。本似甚善。然議論百出。莫衷一是。卒不能統一衆人。即外患交迫之日。亦不能和合。此所以亡於羅馬者歟。由此觀之。不依進化之順序。躐等而升者。爲得爲失。尚未可豫決也。

第七節　教權一統之永續

教權既得勢力。當時王公天子。採用之。保護之。以爲兵力之輔翼。故採用教權之君政。遲之又久。不能破其權力也。如印度之阿育王。繼其父旃陀羅供浮多王之大業。一統印度。保護佛法。爲其國教。其帝位遂得相傳至一百二十年。又保護基督教而能永傳君權者。於歐史中甚多。如中國漢興。傳其祚幾至四百餘年者。亦全以儒教而爲智力一統之基本。夫佛教基督教。雖一時能復社會之平和。然其所以永續之原因。其教理中頗難研究。至於儒教。則其原因。甚爲易見。蓋儒教本夫族制。族制者有使代代之人。尊崇前代之人。及其事業之勢。故尊敬其祖先。則思祖先時代之制度文物。且保護其遺物。是人之常情。故此教權制度。雖經幾千百年。使立於其下者。思開國以來之國家。如世襲家業財產之人。爲先祖以來一家之思。入人既深。變動不易。此所以永續而直至今日者也。

第八節　教權一統之世國家興盛

因教權而一統人羣。當時國家。必興盛而隆大。蓋擾亂既息。平和永續。本於教權之制度文物。百廢具舉。凡悖夫道義。逆於衆心者。殆盡芟除。且亂極思治。與民休息。涵濡於教化之中。而一切事業。皆極發達。行仁義。法先王。此漢室之所以興隆者。職此故也。

第九節　教權一統之世國家與箇人之權利

教權已一統。凡本於教權之政治。法令。學問風俗等。不肯服從者。難以存立。故人羣之權利多。箇人之權利少。雖然。箇人亦非無權利之實。何則。服從敎權。皆由自己之信仰心所出。非自外而强迫者。且敎權之理論。必於君主之權力。與箇人之權力。謀所以兩不相妨。凡民權之不抵觸君權者。其實皆爲人民之所享有者也。

第五章　敎權一統之破壞即革命擾亂之起原

第一節　敎權壞破之原因

破壞敎權之統一。亦非無因而至者。然於外部（即氣候地形動植物等）內部（即統率供給分配）相互（即與外國交通）之事情。皆與破壞敎權絕無關係。惟衆人心腦中之敎權。一有變化。即成破壞。何則。敎權之所據而成立者。在人之智力。然敎權統一既久。智力漸衰。敎權之勢。亦不得不生變化。而至於破壞。

第二節　敎權一統之世智力衰弱之次第

既以敎權一統人羣。一切制度事物。悉囿敎權之中。體裁一定。無大變化。故生於其時者。不論何事。既已有規矩格式。初無運用智力自出機軸之地。即間有出新義。發奇論者。動被外道及達式等之誹謗。故發明新義之思想。絕不發達。夫事必競爭而後優劣見。然人與人之間。競爭不起。遂使智力優者不進。劣者下退。經年累世。卒至智力之退。其影響遂及於教權。而不得不破。其故有二。一至失教權之本義。夫戰國擾亂。雖藉教權之本義。能和解國家與箇人之權力。然薰陶既久。展轉失傳。至昧其本義。忘其眞面目。祗拘泥其言辭規矩。守其外形。而失其精神。夫教權之所以爲教權者。在眞旨本義。非在乎所以施行本旨之規矩言辭。故拘泥過甚。終爲破裂之根源。如哥白尼創地動說之被困死。哥倫布士唱地圓說之被下獄。皆基督教拘澳亞士旣等者之語。謂聖書中無此等記錄。遂起抗抵。其戾本教之旨。可謂甚矣。如四書五經。本以發揮儒教之宗旨。迨後儒作僞既多。甚且以之爲文章之用。甚至斷截割裂。非獨違其本旨。直失其本來。一智力衰則惡質起。就心理學上而言。凡人之惡質。有智力抑制之。則不發現。然智力就衰。則無以箝制情慾。如基督教權力。陷於羅馬法王之後。道義逐漸消滅。史冊具詳。讀歐洲宗教革命以前之史。見當時道德掃地。令人色變。由此觀之。凡教權之所以統一社會者。一爲無形之理論。一爲有形之法則。然一統既久。智力漸衰。既忘無形之理論。徒拘有形之法則。更惡質發動。有藉有形之法則以逞其私慾者。逞私慾以剝人愈久。則人之陷於愚昧貪慾愈深。此固不期然而然者也。

第三節　黨派之起原

私慾之爭鬬。既及數世。壓抑束縛。既達其極。必有反動力出爲反抗。立新奇之理論。洗滌舊習以新人羣之面目者。然其中亦必有保守昔時之教理。維持本來之君權以謀團結衆心者。於是分保守改進之二黨。是卽黨派之起原也。如中國兩漢既衰。劉歆鄭康成則以古學而改儒教。宋明時程朱陸王則兼採佛法而爲儒教。此皆改進派也。又歐羅巴自中古已分政治宗教之二派。然時異勢殊。逐漸變遷。各邦之政治。亦分保守改進之二黨。讀歐洲近世之史。當所共知也。

第四節　革命擾亂之次第

教權既衰。卒分保守改進之兩派。其孰勝孰敗。雖因夫各國教權入人之深淺。及教權之種類。互相歧異。然治亂循環。信仰舊教之情。亦漸少薄。大約改進之勢力。卒勝保守之勢力。然改進之勢力。一旦獲勝。數百年來之文物。被斃於一時之理論。必激而成非常之紊亂。此卽歷史家所謂革命擾亂之所由起。備宗教之體裁者。則爲宗教革命。備族制之體裁者。則爲族制革命。然皆所以斃君主之權力。而於政體上之革命。亦不能免。如劉歆創爲古學。斷棄孔子春秋三世之義。徒發尊君閹人奴隸之說。令孔子昇平太平大同之義。全絕於中國人心。此則謂爲儒教大革命可也。歐羅巴流沙之毀舊教。唱新義。羅馬加特力教。盡百方之術。燒其人。焚其書。以防異端之傳播。然時勢所趨。非人力之所能爲。終殺舊教之權力。惟倉猝之間。無經營人羣之事業。而人人得思想之自由。議論百出。各分宗派。激戰無已。是歐洲有名之宗教革命也。於英吉利自查路士第一世至威利陽王之擾亂。及法國古今無比之大革命。雖其國內皆有特別原因。然自人羣學上觀之。則全根源於敎權一統之破壞者也。

第五節 革命擾亂之世人羣必衰弱

敎權破而陷革命。當時社會。無不衰微。觀第三部第一章所論。其理自明。蓋革命之世。無實効之要質多。即前時所以施行敎權之制度文物。皆成無用之要質。互相軋轢之要質。亦復駢集。如新法所出之文物。與敎權所本之文物。固相軋轢。而舊時之原理既破。未有一統之原理。新法與新法之中。復相軋轢。當此之時。不論作何事業。妨礙極多。絕無成効。即成衰頽之兆。

第六節 革命之世國家與箇人之權利

敎權者所以束縛智力。統括衆心。而保全國家之權利者。然敎權破壞。無異於國家權利之破壞。此時國家不能出號令而統率人羣。或代議士。或黨派之首領。掌握權柄。朝夕異其權勢之所在。國家全體之權力。初無定處。且箇人既免智力之縛束。非獨權利得爲完全。復無君臣之差別。衆人悉得自由。此時代之自由所以勝於戰國時代之自由也。雖然。人皆自由。本甚善事。然此時之自由。極爲擾亂。無禮義。無廉恥。無秩序。無親愛。幾等散沙。此法國革命年間魯卑士卑之死刑前後。史所以稱爲恐怖時代也。

自權力上觀之。於戰國之世。調和箇人與國家之權力。而教權起。然教權既破。則智力皆成自由。智力既得自由。則與得權力無異。蓋智力爲人所共有。人皆獲權力。而漫無統率。其擾亂紛爭。比戰國時更爲酷烈。故戰國時獲權力而爭鬭者。只有武力之數人。此時則凡有智力者。皆得與於爭鬭。約而言之。則戰國擾亂。少數箇人之權力爭鬭。革命擾亂。多數箇人之權力爭鬭也。

第六章　自革命擾亂而至法律一統之世即法律人權憲法民權隨意協合及競賽之起原

第一節　法律一統之原因

教權破而至革命。雖因夫各國之內情。其革命之大小緩急。各有不同。然卒爲各國之所不能免。當多數箇人之競爭權力。非宗教族制儀式等。徒藉外物。足以制人智力。必藉存乎各人心中之一致同意者。乃能制止。然當互爭權力。果有何事。能令衆人一致同意乎。要而言之。不外二事。其一爲人人欲運用己之權力。其二人人不欲孤立而運用己之權力。欲與他人協力分勞。而運用己之權力是也。據此原理。卽得和解之道。是卽所以止亂息爭者也。

第二節　法律人權之起原

夫協力分勞。各運用己之權力者。卽甲不侵乙之權力。乙不侵甲之權力之謂。旣有限制。不侵他人權力之原理。則必有制限各人行爲之規條。是卽今日所稱法律是也。夫當專制教權之世。非無制限行爲之規條。名此時規條。雖有下以法律之名者。然自人羣學觀之。則不必問其形式之相同與否。然其精神卽原理之所據而立者則大異也。如君主專制之世。其禁凶殺、竊盜、詐僞者。爲內生不和。則與外國競爭。不能取勝而起。至教權一統之世。則爲背其教權而起。然革命以後。則折衷夫衆人之權力。皆使立於其下者也。且此三時代所禁之種類。亦大相異。如專制時代。則禁亂姓序。及上下相婚。於教權之世。則禁謗神佛。違葬式祭禮等。至革命法制之精神。則無此也

於法律所定之制限內。屬箇人之權利。則曰人權。各人得隨意運用己之人權。則曰人羣內之自由。又尊崇他人之權利。則曰義務。康德之定義曰。云公道。云權利者。使各人無害他人之自由。得保持其外形之自由之謂也。今舉人權之最重者如左。

一關身上之權利即生活之權體肢之權行動之權自護之權等

二對外物之權利即勤勞之權及所有之權

三關交際之權利即契約之權結會之權

四關親族之權利即家屬之權財產遺贈之權

五對人羣之權利即發言印刷之權等

六名譽之權及除脫侮辱之權

七良心立論之權信仰禮拜之權

第三節　憲法民權之起原

既以法律而整理各人之行爲。保持人羣之均平。必須制定其法律。以罰其犯法律者。於是或舉從前君主當其位。或建新君主。或建代議政體。其政府之體裁。雖因各國之歷史風俗各相懸殊。然衆人必立一可信用之政府。代人民而制定法律。以保護人權。復徵集金錢。以供立法司法之用。然政府既握立法司法之權。復有徵集金錢之權。甚恐有濫用其權力。而侵奪人民之權利。於是各人於防他人侵襲而設之法律外。又制定自人民對政府而防侵襲之法律。是所謂憲法。而於憲法中。定政府不能侵人民權利。是所謂民權。此等之事。其詳細委之政治學等書。人羣學者。只論自主法律人權憲法民權各要質所起之次第而已。但云專制。云教權。云法律。皆非出於一人一己之意見。從人羣之變遷。而事理不得不然。無專制則戰國不起。無戰國則敎權不起。無敎權則革命不起。無革命則權利法律不起。凡未經專制之人民。雖有法律權利。直如馬耳東風。絕無實效者也。

第四節　法律一統之世供給通運二部之進化

革命擾亂之後。統率部既大爲變遷。則供給分配二部。亦不得不有變化。夫專制敎權及戰國革命之擾亂。皆於產業之振興。大有妨礙。然至法律一統之世。其妨礙產業之物。悉盡消除。則國家之產業。必有起色。固其所也。茲舉其原因之重要者如左。

一爲隨意協合。夫衆人之協力分勞。人羣之所以爲人羣。自人羣發生以來。雖既有協合之事。然依進化之程度。其協合有二種。一爲强迫之協合。一爲隨意之協合。此協合之分別。卽在受與之平等與否。受與平等者。卽勤勞與報酬相當之謂。然專制之世。强壓弱。强迫其勤勞。復不與以相當之報酬。敎權之世。箇人之權利。

尙未發達。其受與仍有不平等之患。然至法律一統。各人之作爲。既得自由。且受與之不平等。及侵犯勤勞契約之權者。法律所禁。故僱主與傭人之間。賣主與買主之間。必互相允許。絕無强壓偪脅之事。故勤勞多者則報酬多。各人之奮發力。大爲增加。出於勤勞者之手之產業。亦大爲振興。

一爲競勝。各出其心思才力。造勝人之事業。而謀利益之謂。夫專制之世。以君主之號令。而統率一切。教權之世。以教權而統率一切。故皆遵同一之規矩。其所行爲。亦不得不同。至法律一統。各人皆得自用其權力。凡不有出衆之事業。能占利益者。非獨不能爲興盛之生活。即日用生計。亦甚難立。故必兩不相下。互爲競勝。機器之發明。需要供給之理。物價變動之機。外國貿易之道。必蒸蒸日上。可無疑義。至其條理節目。則詳生計學。此未暇及。

第五節　法律一統之世國家榮盛之理

法律一統。非獨禁侵犯他人之權利。無論何種事業。皆得自由作爲。又非獨無妨礙產業之物。復有不使他人侵犯。却保護之之法律。又有不使政府侵奪。却保護之之憲法。各安其居。各樂其業。遂或有開墾新地者。有發見新島者。有發明新機械者。有傳習外國之工藝技術者。有於內國修築道路者。有與外國貿易者。凡百技術。俱事改良。生產因此而繁多。需要因此而衆廣。國民之生計既易。則國家之富强。自不期然而然。

第六節　法律一統國家與箇人之權利

法律一統之世。箇人皆有純全之權利。蓋法律之精神。專在保護箇人之權利。故箇人皆得自由。即國家之權力。與箇人之權力。非獨不爲反對。却有合同之勢。然究其實。箇人實無權利。何則。法律者以衆人思想之合一而建立。驟觀之。衆人思想。雖甚自由。然實考之。其思想實互相壓制也。當時外物之壓制。雖捐除殆盡。然未能脫心中思想之壓制。因此之故。遂又不能無變動。觀後所論。可無疑矣。

第七章　法律一統之破壞即議論擾亂之世

第一節　法律一統破壞之原因

人羣之進化。既達此程度。此後因何而變動乎。今日宇內諸國。大抵皆在法律一統之途。然將來之擾亂。可得豫知之。而豫防之也。夫國有憲法。有法律。有人權。有民權。上無受政府壓制之恐。下無被人侵犯之患。本極樂世界。風波可息。不知法律權利。其影響有二種。其一者法律之宗旨。在立箇人之權力。而限不觸犯他人權利。故社會之人。立於法律一統之下。實皆爲立己之權力而設。故人人皆以己身爲人羣中之主位。至以己爲萬物之本。萬物之主。其一爲法律之所干涉者。只損害他人權利一事。其餘各種之行爲。皆不能干涉。故其人之行爲。或利己。或利人。全任其人之意思。凡無損人權利者。雖如何偉大之事業。如何奇僻之行爲。在所不禁。故人皆以自己之意思。爲自己行爲之法則。因此之故。人皆以自己之思想。爲極重大。極寶貴。是天地開闢以來所不曾有之事。亦使人得所以爲人之大變動也。

第二節　倫理學政理論經驗論之起原

法律之影響。雖分二派。然不外各人以己之思想爲主一語。既以己之思想爲主。則必以自己思想之外。無可爲主。必據己之思想以爲基本。此議論爭辯之所由起也。

一爲倫理論。夫法律者。只禁不侵犯他人之權利。是自反面制之。非自正面而命其爲善行者。命之者則必在各人自己之思想。故法律一統之世。必至以己之思慮。定何事爲善。何事爲惡。何事當爲。何事不當爲。故私慾强者。則謂愛己利己增己幸福爲善。因他人而苦己勞己爲惡。此即所謂利己主義。爲倫理學之一種。又或曰。所謂善者。在愛他人利他人。所謂惡者在專利自己。此即所謂愛人主義。又爲倫理學之一種。又或以自愛家之說。與愛人家之說。各執一詞。甚難決其是非。遂折衷諸論。用調和之策。立人我俱有幸福之說。然人我足有幸福之事。繁雜萬端。甚難執一而定。必至以人中多數能得最大幸福爲善之說爲主。是即今日英國立法基本最大幸福論之所由起也。夫最大幸福論。和解世間各倫理學之爭鬬。去其相背馳。取其相合同。雖能與法律同其精神。然細考事理。此論猶非至理。何則。第一立最多數之幸福。不得不斃少數之幸福。是以大壓小。雖屬少數之人。仍皆同爲人羣之人。無被他人壓制之理。第二即人羣之人。悉有可得幸福之事。然幸福果當爲人所享有與否。此理尚未可定。第三以何事爲最大幸福。其實本難分明。何則。其人以此事爲民庶之最大幸福。畢竟此人之思想。自以爲然。其所思之幸福。果爲眞幸福與否。尚屬不可知之數也。此等之倫理論。尚不得破。況其他之倫理論哉。

二爲政理論。各人以自己之思想。定政府所行之事。爲善惡當否。何者當爲。何者不當爲。自有種種之議論。有以政府當增大國民之富資立論。有以與國民以快樂爲行政之的。有以政府保護人民權利之外。干涉人民私事者。皆爲惡事。亦有以爲善事者。附政事之當不當。更議論百出。變幻離奇。舊時之君權教權。既失勢力。初無一定之宗旨。人人皆以自己之思慮。立主義而制他人。欲其不紛擾。豈可得耶。

三爲經驗論。窮理之學盛行。遂至窮研人事而窮其原因結果之理。言心理學者。至有以人之心意思慮。皆神經之波動。別無心意之一種實體。又有謂人之智識。由過去之經驗而成立。非人類所固有者。此外言生理學者。異其說。言人羣學者。殊其論。殆成一淸談之世界。

第三節　議論擾亂之次第

議論紛起。善惡當否。雖難決定。然亦只筆鬬舌戰。無用武力。本無可擾亂之原因。惟有一事。卒起武力之爭鬬。殆無以救治之者。夫以法律而保護產業。則產業盛起。然富者資本鉅大。則藉此而更得莫大之資財。貧者無以治生。其困窮更不可言狀。其間畫一鴻溝。生大懸隔。其終富者賄賂官吏。及代議士之撰舉者。得左右朝政。貧者忿怒而至求人羣之改造。此今日美國人民之所却顧長慮者也。雖今日實力。尚未全在富者之手。不至爭鬭。然貧者人口。逐漸增加。勢力漸大。與富者一旦破裂。其擾亂殆不堪設想。

第八章 自議論擾亂之世至道理一統之世即哲學之起原

第一節 道理一統之原因

議論擾亂。法律既失其勢力。此時欲復人羣之平和。則必藉各人智力之合同一致。而和解衆議。夫思想不一。而論議乃紛。此時欲求其一致者。似絕無一。然詳細考察。雖議論如何紛擾之處。亦有衆心一致者。存夫其中。此事無他。即衆人皆信道理之足以決議論之是否是也。如言有善惡當否之別者。此人必按之道理。確信爲有。而後言有。言無差別者。亦必按之道理。確信爲無。然後言無。即言他人之議論。與自己之議論。俱不足據者。亦必有所以言之之道理。故其所倡之主義。雖全相反。然其以道德爲可據之點。則必合同而一致。將所以復此後之平和者。要不出此也。

第二節　哲學之起原

議論擾亂既久。人漸厭倦。遂至悟彼此同據道理而立論。而異說百出。其所謂道理者。果無誤乎。倫理論及政理論者。思至從空搆造。而論善惡當否之有無。互相攻擊。自以爲道理者。果無出於臆說否乎。又理學者思至以原因結果之理。而下斷定。其所謂原因結果之理者。果無出於妄斷否乎。內問之心。歸求諸已。遂悟道理非有一定。必至考求所謂道理者。果爲何如。思之思之。必至恍然我心中所思以爲道理者。畢竟爲我一人心中之思想。心之所思。未必一定而無誤。遂至疑人與我之思想。果可據否。何則。蓋見聞此物。於我心而見聞。思以爲有。則我即以爲有。思以爲無。我即以爲無也。

既脫專制教權之束縛。未能脫自己思想之束縛。凡世人皆以爲無物足出於已思想之上者。思想之所指示。即深信而不疑。思以爲有善惡當否之別。即信爲眞有。思以爲無。即信爲眞無。是今日開明之人之常態也。夫當脫君權教權之束縛時。非以爲無可束縛之理哉。今復有壓制已束縛己之思想。何故默默受思想之指揮。而不糾正其所以被其指揮之道理。果爲有無哉。思想之爭角既烈。羣中之人。將必有一思至此。而恍然大悟者。

恍然至此。必至考究思想之可據與否。及何爲可據。何者爲不可據。以糾正之。此即據道理而一統衆心之起點。何則。此時議論之止熄。皆以爲空爲議論。必無道理之理而止熄也。然欲據道理以糾思想之當否。必先糾據何道理而定思想之正否者。糾之者即哲學也。哲學者以道理而糾道理。且詳解道理與思想之關係者也。哲學之盛不盛。今日雖無由豫測。然哲學若不行。則人無可據之道理。道理果不足據。則善惡當否無別。法律不行。政府之權力不立。而人羣終至滅亡。古時人羣曾有行之者。如中古之希臘人。早已脫教權之壓制。而陷議論之世。雖有以道理糾道理者。然當時人智未達此開明之度。尚不適於用。故其國終擾亂無已。而至衰滅。如今日之佛蘭西。殆有類此之勢。

彼未深究人羣進化之理者。以哲學爲無用之學。又謂其迂遠而不切於事情。不知哲學之存亡。國家之存亡。即據而定。宜乎歐美諸國。有高等之智力者。無不有志於此學也。

第三節　道理一統之世統率部之狀態

哲學既起。而奏其効。則道理所以可據之道理。及各人思想所以可據之道理。必甚分明則道理一統之路既開。文物制度。亦漸近於道理一統之路。當此時其政體制度。雖無由豫測。然據道理以決人類之所當趨向。善惡當否之所定。自至設人所共趨。最爲適當之政體。即指人類所當趨向。及善惡當否之所由定者。謂爲人生之究竟宗旨。此宗旨有之則善。無之則議論無所歸宿。無所歸宿。則社會之所以爲社會之協力分勞不行。卒至人人孤立。而復野蠻之狀態。

更設一譬以明此理。夫議論擾亂之世。最善之政體。爲共和政治。問之曰。汝以何爲標準而論此政體之善惡乎。答者必曰。共和政治。使人人權利。均得平等。所以爲善。復問依何標準。而定權利平等之事爲善乎。答者亦必曰。權利平等。則爲人類最大幸福。復問依何道理。而以幸福爲人生之究竟目的乎。則答者。說所以以此爲究竟目的之道理。必不分明。是皆由以自己一身而爲之標準。無由及之他人。布之天下。故制天下萬世不朽之倫理標準。又立萬世不易之政理標準。必據道理而討究。方爲眞正之倫理學政理學。欲據道理。必先據足以證明道理之可據之哲學。今日哲學。尚未完備。實無眞正之倫理學政理學。故如弁西之最大幸福論。斯賓塞之人羣平權論。皆一人之思想。一家之議論。未足爲據者也。

道理一統之世。宗教則何如乎。夫道理無一可尊崇者則已。若有則必尊崇之。於道理之最可尊崇者。亦不外道理。雖神佛之尊。亦必有當尊崇之道理。然決神佛可尊與否者在道理。故道理者。立於神佛之上者也。凡人之生。則有所以生之之道理。國之興。有所以興之之道理。人之得享幸福。亦必有所以享之之道理。非獨人與國爲然。宇宙之森羅萬象。無不據道理而立。道理者。創造天地宇宙。結搆日月星辰。生地球。布山川原野。作禽獸草木。以供人類之飲食居住。置自然淘汰之理。以自動物界中作出人類。置存立競爭之理。以自人類作出人羣。置君主專制。以教人秩序。置教權一統。以琢人智力。置法律一統。以保人自由。置道理一統。使人知道理之所以爲道理。是可尊者道理。可敬者道理。道理之外。無可敬之神。然既尊崇道理。又盍尊崇先知道理之可尊而助人羣之進化者。如中國之孔子。印度之釋迦。西洋之基督。皆於社會之進化。有莫大功勳之人。則又何可不敬之。尊之崇拜之哉。彼云道理之世。無宗教者。殆猶妄誕之說者歟。

至儀式則又何如乎。當此之時。有武力者則敬之。於教權所命我敬者則敬之。等事。全已消滅。則所敬者。仍不外道理。於道理可守者則守。可棄者則棄。如衣服有當潔淨之道理。則潔淨之。言語有當温和之道理。則温和之類是也。夫禮儀者。温人之交際而所以圓滑其協力分勞之具。故無論何時。不問何地。萬不可缺之事者也。

第四節　道理一統之世供給部之狀態

供給部之目的。在求有益於人羣之生存者也。哲學若果奏効。則供給部所產出物品。皆極可寶可貴且統率部亦因之而完全。如地質學者考求地質。化學者考求各原質。人羣學者考求人羣哲學者。競求道理。恰如農夫之培養禾穀。工人之製造物品。各執一藝。各修一技。以供應人羣之用。而統率部亦取之。以分理各事。兩部合而爲一。以協力分勞。遂達完全之域。

無形之產出物。既極進化。至有形之產出物。至此時亦最善最美。蓋各科之理學大進。因之而制分業之法。撰製造之法。定殖產之法。使各種物品。皆適於用而得其所。試觀歐洲近世數學、化學、物理學、星學、機械學、地質學、電氣學、等。大開以來。產業之進步。殆如初昇之日。此等學術。今僅萌芽。此後進步之程度。尚渺不可量。然各人之居住飲食衣服生計。已覺美備。推原其本。則全由於存乎各科物體之道理。發明其端者也。

第五節　道理一統之世通運部之狀態

此時之通運部。一則通運道理。一則藉道理而通運之法。亦甚完全。通運道理云者。即指一切之教育。夫所謂教育者。非獨指公私之學校。凡能傳授道理於他人者。莫不皆然。故教師勿論。自講演著述而至於新聞雜誌之發行。皆歸教育之部。即爲通運部所專司。苟學術家與實行家。無傳達之路。則實行家不能採用虛理。而爲設施之助。學術家亦不能取實行之經驗。而爲學問之材料。是協力分勞。究非美備。夫人羣之所以爲人羣者。不外協力分勞。供給部與統率部既因科學之精進。而達完全。故通運部復取學者之所研究。而傳之行政家。復將行政家之經驗。而傳之學者。三部協合。交相爲用。此即教授講演著述新聞等之與有功者也。至因道理而通運之法。亦即於凡百科學。取其發明之道理。而改良輸運。交通音信之法。如汽車汽船電信電話光學之發明。及究氣象之學。而進航海之術。又因生計學所研究之道理。而便貿易之方。精滙兌之法等。此分配部之所以進化者。

亦不外此也。

第六節　道理一統之世國家榮盛

統率供給通運三部。以道理爲之基本定其法則。其隆盛之程度。必非今人之可想像者。如專制教權等。因外物以致隆盛。外物一旦破壞。即至衰萎。皆不過偶然之事。然道理一統之世。其國家之隆盛。皆於社會之存立力。窮其所以增減之道理。而增加之者。故決無退步之患。譬之人身服峻補之劑。而偶得健康者。必易衰頽。若依衛生之術。而得健康者。必可長久也。

第七節　道理一統之世國家與箇人之關係

道理一統之世。人羣之權利。與箇人之權利。俱可完全無缺。即謂爲人羣進化之結局。亦無不可。何以言之。人羣權利之完全也。以道理而團結衆心。不使離散。凡於道理有害國家存立之事物。悉除之。於道理有益於國家之存立者。悉與之。宇宙之大。人民之衆。無有一人能抵抗道理之所趨者。何以言箇人之權利亦完全也。各人雖爲道理。而制其行爲。然道德皆存夫人心。所以制其行爲者。無異以己制已。此自由之極點也。當此之時。不必依據外物。悉以己之道德心而立說。是智力之自由也。又無被制於愚昧之妄信。於道理之可敬信者。則敬信之。是信仰之自由也。自己道德心之外。無可以決自己行爲之善惡當否。若己之行爲有違乎道理者。自戒自改。是道德之自由也。世之談政治者。喋喋自由而不止。是皆不知自由之眞理夫者。只以無所拘制。無所檢束爲自由。是亂暴而非自由。居人羣之中無所拘制者。莫如醉客狂夫。醉客之亂行。狂夫之妄舉。曾足謂之爲自由否耶。又如立於代議政體之下。握撰舉票於手之人。必非自由。何則。或被籠絡於黨派之主義。或被動於他人之慂慫。或制於私慾。或激於私憤。徒抵抗現存之政府者。其去眞正之自由。尙遠。夫眞正之自由者。在以己制己。然以己制己。不外道理。故於道理。而有君主。有法律。雖爲被制。依然以己制己之自由也。彼不問道理。徒樹主義。稱何黨。云何派。是皆奔走夢中之輩。其愚亦甚矣。

夫人之始生斯世。雖有心意。曾無自覺。祇應物動作。幾同禽獸。饑而食。渴而飲。如眠如夢。於天地之間。初不知有我。及人口增加。當生存競爭之際。聚合而成種屬。漸對他人而始知有我。至君主專制。遂思爲人者。必須服從君主。故凡百號令皆肯樂從。尋成戰國之世。漸知君主之非必可從。自覺之範圍稍廣。又忽陷敎權之專制。以爲經典聖書之所說。不可須臾離。復深信而不疑。是卽脫君主之壓制。而復入敎權之籠絡者也。迨敎權破而革命起。遂恍然於敎權之非必可從。對他人之思想。至知有我之思想。衆論雖不得一致。然以多數之思想一致者。制定法律。是卽脫敎權之壓制。而未能脫自己思想之壓抑也。夫法律之制人行爲。雖在反面。而非正面。却養成各人以自己思想。爲自巳行爲主宰之氣習。故議論紛起。至謂善惡當否之無定。至疑法律之當守與否。持之又久。非獨疑他人所思之道理。爲不足據。并疑及自己之思想。此正人類得眞正自由之關鍵者也。嗚呼。眞正自由之基本。不在共和政治。不在民權平等。在所以證明道德之所以可據之哲學者也。

人羣進化論卷三終

光緒二十九年五月二十五刷印
光緒二十九年又五月初八發行
（定價大洋五角）
著者　日本有賀長雄
譯者　順德麥仲華
上海英界大馬路同樂里
刷印所　廣智書局活版部
上海英界大馬路同樂里
發行所　廣智書局
上海英界四馬路老巡捕房東首
發賣所　日本新民叢報支店

人羣進化論

少年中國新叢書第一種

斯賓塞女權篇達爾文物競篇合刻

女權篇

英國　斯賓塞　著
桂林　馬君武　譯

第一節

公理固無男女之別也人之爲學也實男女二類之總名而無特別之意義人莫不有平等之自由 Gqual freedom 男人固然女人何獨不然本人類之良知以定爲法律婦人莫不有良知也故莫不於法律界有同著之力且自道德感情論之男人有心才以崇德行守法律女人亦然故反對男女之權之說者誠無根之言也

男女同權者自然之眞理稍有知識者孰不認之然反對者正不尠夫皆無說以自堅也古語有之曰人類之幸福上帝之所欲也世間一切之權利皆自此言生矣男女身體之機關雖少異心靈則無不同何能屏之於人羣之外使不能均受

天然幸福乎。蓋平等自由者。天然法律固應如是。凡是人類。孰不當均享之。

凡古來女權問題有三說於此。

第一　女人無一切權。

第二　女人之權不能大過男人。

第三　男女之權同等。

第一之說。不攻而自破。蓋歐人莫不信造物主。造物主之愛人男女一也。與以生命即與以幸福。及自由。謂女人之生命與男人不同。不可也。謂女人之幸福及自由與男人不同。如何而可。

第二說所謂女人之權不能大過男人。亦甚窒礙而不通。女人之權少於男人者。以何爲限乎。其一定之比例若何乎。孰能以極準之度均分之乎。是皆難定之問題也。或謂當以論理法定之。則猶難。凡野蠻之習俗已成。賢智者亦熟視之而無覩。土耳其投犯罪之涉加西亞婦人 Circassian 於保司法老司之水。雅典之法律侵婦人之權利。許其國人賣其姊妹及女兒。我國之法律。許男人毆其妻。且能閉之於一室。是豈非道義上之所禁乎。且吾國之法律。雖既嫁之婦。不能有產業。男人可執行己意。使其妻棄其本意而服從之。是皆不合天然之原理也。是不合理之事。苟從第二說。可有詞以塞人之口曰。女人之權之小於男人者。固如是。第二說之不通既明。而後可知第三說之不可駁。而男女之權。固自相平等。不容有差異於其間也。

第二節

反抗男女同權之論者。多以為女人之心性卑下。不及男人遠甚。然是不可徒執空言。當驗之於實事。若政治。若學藝。若文章。若美術。婦人之擅長技獲大名者。何可勝數。由審妻比亞 Zenobia 以至加特林 Calrine 及馬利亞地累沙 Maria Theresy 有權有學之女后多矣。於學藝則有所墨雨爾 Symerville 黑司缺爾 Miss Hcıscle 鐘林 Zarnliu 令名赫然。孰不仰之。於經濟學有馬亭婁。Miss martinepu 於哲學有司他爾勒。Madame de Sbael 於政治有羅倫。Madame Beland 詩詞有梯夫司 Tighes 赫門雖司 Hemanscs 倫敦司 Londons 布晏林司。Brownings 戲曲有鐘納培利。Jowna Baillie 小說有歐斯天司 Austens 布累墨司 Bremers 苟兒 Gores 達得文 Budevons 於畫有某公主所畫之 The Momentous Questions 可爲女人能畫之確證。由是觀之。女人之心才。必不劣於男人也。且女學之在今日也。可謂極不發達矣。學業不發達。故思想才技。皆不發達。而其中之傑出能自表見者。尚如是其衆。然則女學大興之後。其進步豈可量乎。竊以爲女才所以不發達者。蓋有二因。

一　女人不許入中學大學受高等之教育。惟男人能入之。故男人挾大才。以建大名。鴻業於世者不少。而女人入世既淺。自無諸等刺激。發起其雄心。

二　女人之教育。多因舊日習俗。不能發揚其高尚之才智。且又不許其與男交通往來。於婦人修學之途。未免大有阻滯。

然則。女人之心才非眞劣於男人也。世界上之事業。女人所以不及男人之光大者。則陷於上所云云之二因也。

反抗男女同權之說者。知上說之不可勝也。又變其詞曰。女人之才智。所以劣於男人者。婦人易爲情之所制。最易激動。無反覆思慮之力。故婦人必不能與男人同權也。

如彼之說。則才智不同者。權亦不同。其說不可通。當據下三說駁之。

一 若男女兩類之權。一一以才智爲量而定其比例數。則男人之才智亦各不相同也。一一量其才智而定其權。無乃繁雜太甚。雖有聖智者爲之宰。亦不堪此困難也。

二 天下女人衆矣。其間必有才智遠過男子者。若據才智以定其權利。則此等女人之權。必將大過男人而後可。

三 即依或人之說。據才智以定男女兩類之權利。然此乃必不可行之事。何

則因天下固無若是不差之尺度以量世人之才智及權利而一無所誤也

不寧惟是一切反對之論可以一言破之即明辨何爲權利是也此所謂權利者即人人能自由練習其固有之能力是也反對者之說曰女人之心才不及男人故不能與男人有同等之權其說不免先後倒置正惟女人之心才不及男人也則當有同等之權利以練習其固有之能力而發達其心才女人有生命即莫不有能力惟無與男人同等之權故不能自由練習之遂較男人爲劣耳

第三節

欲驗人之性質則必驗之於其行爲矣主神人同形之說者曰人之所志必於其所信仰見之然試取一人之議論分析之必知一人之嗜欲其眞面在行爲而議論不足據也私欲旣熾者不但抹殺一切之證據且銷鑄一切之證據以爲達自己目的之武器焉設僞言以行惡事一再不已徵之史乘所在多有巴徒婁秒 Ba rholrmew 之殺戮至慘之事也辯護者反以爲是上帝之所欲矣世之寓言有曰狼將食羊遂先鳴羊之罪旨哉言乎人類之中嘗有是事也古來興兵戎以侵畧他國者莫不以己兵爲義兵自該撒 Caesar 之野戰以至於今雖盜邊之小寇莫不祈禱曰上帝助我也兩軍既戰獲勝者奏凱歌謝上帝上帝固無與也亞提拿 Attila 自以爲天賜己以統御世界之權西班牙人之征美洲土人也曰我將以耶穌教化之英人之闢植民地也曰天將以英國人種遍布世界也有巧思之竊賊爲斯巴達人之所譽然是豈惟斯巴達廣而言之耶穌之徒莫不然載生 Jason 及其徒以海盜爲英雄羅司門 Myrsemen 之族亦然馬來之族亦然惟利是圖之人民勤勉營業者爲人所讚至於今日守錢之奴猶獲崇敬道德之天則不以貪吝爲非有政權之貴族謂議政之權與其附之於人無寧附之於財產之爲愈也貧民自謂有受救助之權僧侶謂印書術爲魔鬼之創造雖今日之教徒或目其異宗派者爲魔鬼之屬且莫不以國立之教會爲正教而用力維持之尸位之

員忽視公益以爲當然嗚呼世界社會之情狀大畧如是矣

畜奴之主人謂黑人爲非人類回教徒謂女人無靈魂非男人有之則尤妄誕之僞言矣從已之欲飾言以欺世一切妄說皆由自私而來也肆口狂吠偏僻無所底惟知從欲而已野蠻國之所謂道理者莫不如是也是說也臆測之虛言乎抑明明可見之於行事乎蔽以一言曰是從欲之妄言也雖然我英國之法律我英人之同意莫不以男女同權之說爲非其說爲臆測之虛言乎抑從欲之妄言乎吾甚懼其與回教徒所主張女人無靈魂之說同科也

第四節

欲知一國人民之文明程度如何必以其國待遇女人之情形如何爲斷此不易之定例也此說之範圍內所包括之實事極多放眼觀宇內之情勢其國之法律苟規定男人與男人之關係極其嚴酷也其規定男人與女人之關係亦必嚴酷欲知其國民政治之組織如何於其國中之一家可見之其國而專制也雖其國

中之任一家族必亦專制二者幷立而不相離若土耳其若埃及若印度若中國若俄羅斯若歐洲之封建國皆足爲此說之明證也

所最可奇者東亞諸國之事吾曹孰不知之乎居倚荼椅肆口評議國民之性質未嘗不訾他國爲野蠻詡己羣爲文明以爲己國必遠勝於他國也未嘗不詆古人爲野蠻詡自己爲文明以爲今人必勝於古人也其評議東方諸國之虐待女人也東方社會之規則固不良矣我英國之人亦知英國今日政治及家族之壓制亦與東方諸國相同之點甚多乎如英國之法律及風俗常侵人權與富者以大權過於貧者與男人以强權過於女人是定非野蠻之俗乎此非吾一人之偏見也吾亦非謂英國民之性情皆如是也是乃古代遺傳專制之風存於議院及家族之中脫之而未能盡故有若是之失而不自覺也

一國之人其公衆之行爲如有不正則一人之私行爲亦必不免於不正此殆必然之理乎欲知一國之中壓制之痕迹如何其關係頗複雜而不易見不若驗之

於一家之內觀於家內男女間之壓制如何則其國君民間之壓制如何可知也

第五節

天下事之至可痛惡而爲野蠻之極點者莫如尊已所言謂之命令而強人以必從我矣俄帝所頒於伊頓（Cton）學院之敕諭暴惡殘忍與禽獸之聲無異而亦尊之曰敕諭豈不可羞總而言之命令者野蠻時代之怪物也命令者其言本不善以強力逼人以必從也人類交際以禮相維欲人之行一事必商量允協而後可也命令者咆哮矜大以力屈人其聲音動作無一不可爲未開化者殘虐之證命令者平和之仇也野蠻之國視皇帝之敕諭爲神聖不可犯犯之者誅在文明之國直目之爲與百姓挑戰之書其語意之中常伏殺機而易產出戰禍是道德法律中之所無而爲犯倫背理之事無可疑也

往日之野蠻風俗常留遺其形式於今日之社會而難於盡化蓋野蠻風俗能鑄成其時人之一定性質今日者其性質雖變更已多而不能悉絕除也夫人類本

平等也。何謂命令。何謂服從。有命令者故有專制。有順從者故有奴隸。二者本無異也。專制何謂。謂屈他人之意志。使必從己也。奴隸何謂。謂不能自有其意志。而服從他人之意志。以爲己之意志也。專制者之凌辱他人。固背理矣。奴隸之屈從他人。其背理惟均。何則。人莫不有完全之自由。依特別之界限。以練習其天才。奴僕則放棄此自由之權。讓於他人。而不自保有。勞其力以供他人之需。而非以供己需。甘受人之命令而服從之。背理莫甚焉。命令之本意。若曰依予之所命而行。勿執汝之己意。嗚呼。殖民者之對黑奴。夫之對其妻。皆用此道矣。以廢棄他人之意志爲原理。無論事之輕重。皆以伸己屈人爲獨一之目的。東方暴君之對其奴隸。亦莫不用此道也。

於上云云。起而反對者固不少。以爲服從者乃人類之正當美德善行也。且命令之當於正理者不少。而女類柔弱。服從於較強之男類。有益不少。嗚呼。若彼之說。迷邪路而不悟。吾固無暇與之深辯。彼不記國民之制度及信仰。固依其性質如何而定耶彼不記人之知覺固易爲情欲之所左右耶彼不記吾社會之狀態吾人高等感情之發達固甚不完全耶彼不記往日野蠻之風俗吾祖先以爲合理者吾曹無不深惡之耶以同理推之則今日許多風俗吾曹以爲合理者吾後世文明之子孫必大嫌棄之此一定之理也如往日野蠻之俗禁女人與其主人同席而坐今人莫不嫌之則後人必有嫌今人之以妻爲其夫之奴屬而指此俗爲野蠻者無可疑也

以平等之自由爲原理可斷一切事理之是非欲決命令之合理否以平等之自由決之已可矣蓋一人出令使多人從之則一人得自由衆人失其自由於是自由不平等矣由此推驗吾可斷定命令之背公理也

第六節

夫世界日進於文明人類之感情日有變遷則女人屈屬男人之俗不久必變乃必至之勢也夫同類不平等而以力相壓服乃悖亂之制禽獸之道也今日者抱

優美感情之士。不惟不以力壓其同類而已。有卑謙而下屈於己前者。反推讓而不受。必欲其貧愚之同類。脫盡服從之習。而養成其自重之風。蓋接同類以嚴厲之言。傲慢之色。與暴君虐其民之所爲。其異幾何。故雖待其下人。言語之間。亦無一毫專制之風。儀其家中服役。何嘗不需僕人。然有契約焉。以禮相接。不以主人自居。凡欲其僕行一事。必不用命令也。是有二句常用之語焉。曰『如你願』If you please 曰『敬謝你』Thank you。

今日之耆士。對其友朋。益加長其誠敬。而深厚其愛情。必使二人交際平等相得。無所偏過。有二友人於此。苟一稍富者對其他有示恩之狀。而他一人有畏懼之狀。則人皆知非之。又有三友人於此。一爲主。二爲賓。苟一人聳其主人凌其他友。則人亦莫不知非之。

待僕人及友人如是。何獨於妻子不然。待其家之僕人。且不敢以主人自居。對其妻反以主人自居。何耶。待友人以平等。不敢凌駕。而獨凌駕其妻。何耶。何背謬之。

女權篇　七

甚也且妻也者又非友人僕人之比而爲己愛情所專注之人也其關係最固結天然相好則其妻之權利位格不可不用深情愛護之侵奪凌駕云乎哉

第七節

命令者愛情之荼毒也男女結合之情如何優美如何婉麗如何雅致一觸妄施威權之冷風倏焉憔悴倏焉枯槁夫歡愛之與壓制二者相去甚遠適相反背而不能并存也一爲最善感情之起因一爲最惡感情之根原歡愛者同情也壓制者無情也歡愛者溫和也壓制者苛酷也歡愛者利他也壓制者利己也是豈能并存耶與前一性相牽引必與後一性相背馳故二性常互相爭常互相滅夫世人之用壓力凌駕其妻者欲其愛情之無傷不可得也愛情既傷而欲一家之有好効果不可得也故命令者決不可用之家庭夫婦間也

夫妻不平權遂變本極自由平等之好關係一爲主一爲屬是誠極野蠻風俗不可不改良也此風不變則夫妻之間必無眞愛情必奴主之勢盡革則夫婦之眞

愛情乃充滿而無極是非虛言隨處有實事可驗也人間有所謂結婚之幸福焉
Connubial happiness 夫與妻之相結不可有一毫勢力施於其間歡愛無極乃爲幸福若現今世界夫婦間之情狀苦辱而已幸福乎何有

第八節

或難曰威權及强逼者乃管治人類惟一之器具無論政治如何皆不可不有威權苟無威權則人不畏威而國之安寧秩序皆不可保惟家亦然苟男人無大過女人之威權則家政必致紊亂夫男女同權各行其意志夫人人之意志各不同也夫婦亦然各有意志各欲行之則必相反對反對則必相競爭若是則夫婦之戰禍無日可息夫婦之道豈不太苦男女同權之論其終不可行乎

曰否人類而欲安居相親非咸遵平等自由之法律不可也文明之世人人重道義男女婚嫁各有平等之權權之界限既明守其界而不相犯則爲自私而爭競之事自少矣家庭之爭多由自私而起文明之人民重視己之權利而不許他人

犯之自必重視他人之權利而已亦不敢犯之對自己正義之感情甚深者對他己之正義感情必亦甚深今日之人主張箇人之自由者比之往日封建之時代已大增矣即今日箇人自由大倡之時代比之往日今日人民間之爭競豈非較往日已大減少乎箇人之自由盛則社會間之爭競少此不可駁之例也由此推之則男女同權之理大明自由極固社會必愈進於文明爭競自少夫何疑焉女人既有一定之權男人既以前日所侵之權與之男女之權秩然有限各守其界不相侵越一切爭競可以永息矣

夫妻而果有平等之權也雖互有意志必不至於競爭惟共商量而行事耳不固執其意志肆行無忌夫不商諸其妻妻不商諸其夫也如是則兩類之權乃各鞏固不徒利己而圖兩利爭競何有焉不惟不爭競而已且親睦更逾於尋常夫婦之間知保二家之安寧爲重要常兢兢然恐有侵犯權利之事致起爭端而常防之於未然也。

是非幻想之世界 Utopian 也。今日者。文明漸盛。有德者之於朋友交際。其權不相侵者。爭競亦愈稀。男女之間。何獨不然。且今日夫婦間之親愛最甚者。其迹可驗也。男女同權之理。必爲後來人類所公認。而定爲一世之準繩。吾何疑乎。彼一孔之夫。蔽於目前之俗習。嘖嘖爭辨。誠無當也。

第九節

或曰。依平等自由之例。則今日男人所有政治上之特權。亦將讓之於女人乎。而今日之女人。無操政治上之特權者。豈非以女人莫不暗於國事乎。且女人雖暗於國事。其夫與兄弟豈不可代表其意見。與各有選舉權之男人以二枚投票權。待女人既慣熟。遂獨立自行乎。使今日之選舉人。巧用其權。而獨自私據之也。

或應之曰。女人之天職。主持家政而已。其性質位格。決不能擔任公衆問題也。故政治上之問題。乃在女人身分之外。依是說也。吾不能無疑焉。政治問題。果在女人身分之外。則女人之身分。將何從而定之。捧尼司 Pawnees 及西亞司 Sioux 二族之人。役使女人。幾若負擔之獸。運行李。搬柴薪。及一切勞役賤業。無非女人也。是眞女人之身分乎。奴隸之國。女人作工。惟從男人之意而無異詞。是誠女人之身分乎。法國中女人之身分若稍高矣。女人可充書寫司出納及其他高等之責任。是誠女人之身分乎。土耳其及埃及之貴婦人。不許越門閾一寸。是誠女人之身分乎。何婦人之身分若是其參差不同也。意者是皆非女人之眞身分乎。吾敢昌言曰。是等等者皆非女人之眞身分。女人之眞身分。固不可不操政治上之特權也。

或又難曰。男人與女人共公事。操政治權於男人大不便。因是必致亂男人之感情。其說亦不可通。駁之曰。土耳其之女人。行必以布覆面。試問其何以故。土耳其人必曰。若行不障面。必致亂行路者之感情也。俄羅斯之女人在禮拜堂不許與男人共唱讚美上帝之歌。試問其何以故。俄羅斯人必曰。是將亂同堂禮拜者之感情也。中國之婦女。無不纏足。或謂如是乃爲美觀。或謂不如是則女人行動自由必大擾男人之感情。或告以美國女人之不纏足。乃爲高尙。中國人必不信也。歐洲古時不許女人著書。亦執害感情之說也。據害感情之說。以阻女人操政權。之理。其眞不可通乎。

抑感情又有二種。一爲不易且長久者。一爲習慣之結果而可變易消化者。不易且長久之感情。乃報於自然。原於至理。若徒與一人相愛好而已。則不過因境遇習慣等事所生而已。本無價値也。二者常不能相敵。與婦人以政權。乃自第一感情而生。因人生當依平等自由之天則。以獲人類之最大幸福。故不得不爾。固非第二感情之所能奪也。

第十節

約而言之。第一節之要旨。事論男女之權。起伏相同。自同一報據而來。本同一元素而出。據同一辨論而顯。第二節之要旨。論平等自由之天則。男女兩類。莫不適用。諸等反對之辭。皆有說以破之。第三節之要旨。闢男女不同權之論。若東方女

女權篇

人無靈魂之謬說。第四節論今日婦人之狀態。與正理悖。蓋利己之心。可敗國事。亦可敗家事。第五節論女人服從男人之風。必當棄絕。因用命令。乃野蠻時代之遺風也。第六七節證夫唱婦隨之格言不可用。一唱一隨必至大傷夫婦間之優美感情。第八節駁夫婦同權不相睦之說。論夫婦和睦。組織家庭之幸福。非有平等之自由不可。第九節論婦人可操政治權。而反對之說。皆無根據。終焉。

達爾文物競篇目錄

物競篇目錄終

物競篇

英國　達爾文　著
桂林　馬君武　譯

物競篇一　物競與天擇之關係

欲論物競之理不可不知物競與天擇相關之理夫生物箇體之有變異乃自然之勢也生物類中疑似之形實多物種也有分種焉有變種焉英國之植物有疑似形二三百類好學深思者可由之明以變化圖生存之理矣夫闡明以變化圖生存之理因予作書之本旨然欲明此理不可不先知物種由自然生起之理也一生物何以依絪縕化生之理可變其構造之一部爲他一部且由一有機物變爲他有機物以適其生活乎此理也余既以啄木鳥及寄生物二者明之矣觀於最劣等之寄生蟲亦可明其理最劣等寄生蟲之體亦常披鳥獸類之羽毛如潛於水中之甲蟲然 Beetle 體有羽毛以適於飄然御水面之微風而行美哉絪縕

化生中之理。於有機物之世界。任一處任一物。皆在此理之範圍。而莫之能外也。

此段所謂以啄木鳥及寄生物明絪縕化生之理見於物種原始之緒言中。其言曰。物種原始之理。蓋幾經博物學家之考究而後定。彼因生物之互相近似者。而思其胎生之關係。地理之分配。地質之繼續。及等等同類之事實。始下斷案。知物種非由獨立創造。乃由他種變化傳統而來。博物學家常謂變化唯一之原因。不外氣候食物等外界之事。茲述一易見之證據以表其眞理。如啄木鳥 Woodpecker 其足其尾嘴舌。皆似專爲捕獲樹皮下之昆蟲而設。其結搆之奇。天工固不能創造。然則何以致此。曰爲氣候所蒸染。爲食物所驅迫。遂得若是搆造之結果矣。又如寄生然 Mistletoe 寄生者得地樹木之滋養以自存者也。是必由鳥類移此種子於一樹上。其花之雌雄兩性。本分居也。又得昆蟲自他花移一花粉來相湊合。而後寄生植物之搆造成焉。其他生物之因外境慣習以得其搆造之結果者。皆可以此理推之也。

變異何謂。謂由。初。始。之。種。以變。爲。良。好。分。明。之。種。也。同是。一。種。類。之。物。何能獨。與。其。餘。別。異。乎。曰有生。命。即有競。爭。有競。爭。即。有。變。異。其變。異。甚。微。有原因。爲。之。先。其種。類。之。一。箇。因必。知。是。乃。能。自。利。也。則自。然。變。異。以。從。之。其變。異。也。所以。自。保。衛。其。生。命。也。種類。中。之。一。箇。既。變。異。其子。孫。嗣。續。之。子孫又。因。爭。自。存。之。故。而益。變。異。焉。其不。能。變。異。以。適。生。存。者。滅。絕。所以世。界。上。之。物。種。按時。而。生。者。雖。多。能自。存。者。終。少。也。其微。變。以。自。保。存。余所。謂。天。擇。之。理。即。在。是。天。擇。之。理。與。擇。以。人。力。之。理。同。斯賓塞氏之常言曰。「物種。之。最。宜。者。即生。存。最。完。固。者。也。吾見。夫。人力。之。擇。效果。最。大。能。變。化。有。機。物。以適。已。之。用。是即。天。擇。之。理。也。然天。擇。者。其功。用。不。息。其權。力。迴。出。於。常。人。度。量。之。外。猶之。天。然。之。製。作。固勝。於。人。力。之。製。作。也。

德康斗爾 De Candoll 及李爾勒 Lyell 者。深於哲理者也。雖謂生。機。物。類。莫不有。極。烈。之。競。爭。赫伯特 W Herbert 者。大。有。待。於。樹。藝。之。術。而富。於。植。物。之。知。識。者。也。然不。知。生。存。競。爭。之。理。於。生。物。之。分。配。稀。少。繁。多。滅。絕。變。異。諸。故。昧昧然。多。誤。

視者人苟深思生物變化之故誠可樂也生物亦非因其食物之豐遂能存也如有一鳥於此蟲豸諸物環而集者甚豐而此鳥或并其卵巢爲他鳥獸所毀滅且食物雖豐於一時豈能幾歲時時常如是耶

物競篇二一　爭自存之廣義

一物之生也必有所憑依不惟單箇體之自存必需憑依而已一物之傳種得活與否皆視其所得之憑依如何有二大類於此凶年饑歲各爭競覓食得之則生不得則死此易見之理也沙漠旁之植物欲爭競以自存必有以敵此旱乾而後可是不能不憑依濕氣矣凡一植物每年所生之種子無數其能自存者大約千分之一而已此植物之爭自存最易見者也是不惟與異種爭亦與同種爭焉寄生之自存必憑依於木菓等類之樹苟有甚多之寄生同生一樹是焉得不殞死乎故若數寄生同生於一樹則必各相競爭以圖自存寄生之種爲鳥類所播揚其自存既先賴鳥矣然其爭競尤先在本生之菓樹上蓋一樹之種實多矣其一

偏為鳥所攫取又偏遺之於他樹之上而得存微乎微乎爭自存之理也

物競篇三　增加之幾何級數

生物之必以競爭圖自存奈何曰有機物之增加也其度極速生物按時而生卵傳種於其生時必有遇不幸而毀亡者矣不然物種之增加乃按幾何級數地球之濶祇有此數固將無地以容之故物種之發生者多存活者少必競爭而後能存與同種爭與異種爭與一切關於生活之情境爭依馬爾泰司 Malthus 之理則動植界之物種增加既極速人類增多將無所得食非限婚姻不可夫物種之增加速度雖不同其赴於繁多則一此世界將何地以容之

增加之速凡有機物莫不皆然若物種而無死亡也則一雄一雌之子孫不久而遍於世界今以生產最遲之數計如人類二十五年而加一倍依此數計則不及千年地球之上已無其子孫立足之地矣林納司 Linnaeus 計算以為世間之植物一年斷不僅傳兩種即以一年傳兩種計其所傳之種亦復每年傳兩種後二

十年已多至一百萬象者一切獸類中之生產最緩者也然依其自然增加之例如一象活一百歲自三十歲時始生子至九十歲共生六子其所生之子生子亦按此數至七百四十五年之後將有九百萬象此九百萬象皆自其始祖一雄一雌傳種來也

上所云云特遙測耳茲言數種獸類之自然增加人所共見而實大可驚者莫如家獸之變爲野獸者矣世界有數處其土地最與一物種相宜如生產甚遲之馬牛至南美利加洲及墺大利亞洲變爲野種生產極繁非僅見者幾个是信又有數種植物傳入一島不及十年全島幾無地不有之如植物類之家冬 Cardoon 及高薊 Tall Kistle 在南美智利國拉扣拏塔爲無處不有最繁茂之植物是二種皆自歐洲新傳入其本地之舊植物日以消絕博士賀奎尼告予曰自美洲發見以後其植物之傳入印度者自叩謀林岬 Cape cormorin 至希馬拿亞 Himalaya 瀰望皆是也此無他動植物類總待新地而與其生活最宜故生機發達新生者

幾於盡能自存日趨於盛依幾何級數增加融融然樂新居其地固有之舊種死亡幾無孑遺矣

旣長大之植物無歲不傳種動物無歲不育胎是自然之理哉然一切動植物種固莫不依幾何級數增加也已傳之種已育之胎各圖自存若使是多多者皆能自存而無死亡者地球固不能容之人苟徒觀於家養動物不足見自然界增加之可驚也因時時殺之而爲食物以人力生存之亦以人力死亡之自然界物種之死亡與因人力而死亡數略相等耳

物類之生卵傳種有每歲盈千者有每歲生產極少者苟生產少之物類與境相宜則其種蕃庶反過於生產多者孔德鳥 Condor 一歲僅產二卵駝鳥一歲產二十卵然是二鳥同在一國孔德鳥反占多數乏爾馬海燕一歲僅產一卵然於世界中鳥類占多數蠅之產卵輙盈數百蝨蠅 Hippobosca 每歲只產一卵然是二者同在一邑其多少略相等何以故夫一種之增加以食物爲最要苟一動物

能保存其種其所生產者幾能盡存則其數自繁反之其所生產多而皆不能保存雖其生數極繁亦終不免於滅種

觀於宇宙自然之家可知每一百有生機之物類皆莫不競爭自存以增加其種也既有生命即有競爭既有競爭弱劣者即不免於死亡不論新舊每一種每一時死亡者不知其凡幾也苟一種之死亡畧少則其數不久已增加可驚矣

物競篇四　增加之自然妨止

物類之增加也常有自然之原因以妨止之雖其原因頗難覺察然苟察於人類增減之故則其原因見焉妨止增加之旨論者頗多最易見此例者莫如南美利加洲之野獸茲余不暇詳論後當作專書明之僅於此釋自然妨止之要點不能詳也夫徒以卵種之傷殞小獸之殀沒解此問題猶未確焉不觀夫一植物每年所生之種殞死者無數乎一地已密生他植物者苟又一種入而居之則前此之叢叢者皆不啻爲此後來者之仇敵於此有一地焉其長三尺其濶二尺耕耘既

畢不殖他草惟殖余意之所欲殖者余所殖之物三百五十七莖至少有二百九十五莖死亡者是大略爲蝸牛細蟲之所傷同種又自相爭競稍弱者漸爲稍强者之所殺如一牧地有二十種物生於其間至少有九種先滅各種生長自由固不能無競爭以殺其較已弱劣者哉

食物固爲各物種增加之大限然妨止增加之大原因固不在此而在被別種禽獸之所攫如鷹鴞如松鷄如野兎皆捕蟲類以爲食者近今二十年間英國以射獵爲最樂事每年被獵之獸其數不下於十萬故可獵之獸今甚減少也物種之最强者則莫能犯害之象之在印度無野獸敢犯害之者雖猛如虎亦不敢犯在父母保護下之小象也

氣候者亦限制物種增加之一要件也極寒或極熱之氣候於妨止增加最有効力一千八百五十四年至五年兩歲冬時余所居之地大寒鳥雀之死亡者計有五分之四是誠非常之災也不惟鳥類有之人類亦有之瘟疫流行人類死者或

至十分之一。非非常之災乎。由是觀之。生存競爭。尤首視氣候何如。且箇體與同種或別體競爭要在食物。氣候又生出食物之源也。如氣候極寒則物種大受害。大冬嚴寒。物類無所得食。死之道也。人苟出而旅行。或由南方之北方。或由澤國之亢地。則見物種隨地不同。由漸少以至於無。此氣候與物種有直接關係之明證也。

一物種視之雖豐盛。其爲爭生命而死亡者常無數也。夫與此物種同居一地而爭食者。皆此物種之仇敵也。互爲仇敵而相爭競。苟其仇敵中之一與其地微變之氣候適宜。則增加極繁。他種反是。如余旅行自北而南。見一種之數漸減少。余可知其原因必因他種適於此地之氣候。此物種與之爭競而敗也。至夫寒帶之國。沙漠無生產之地。爭存之事幾無所用。可畏哉氣候乎。是妨止物種增加之大限也。

物種增加之妨止。既如上論矣。何以家園之植物繁茂葱鬱。若與其地之氣候最

且者然曰是非其自然之性也是有人力以爲之助無他種物類與之競爭又無他種獸類殘害之是非其自然之性也

最能妨止物類之增加者莫如瘟疫矣如一物種得一適宜之地增加極繁一遇瘟疫則生存競爭之事皆止而無所用其種之絕滅蓋不遠矣瘟疫之原因乃有一種微生物遍傳於此物種之身而與之競生存其傳也極易物種莫如之何也一種之數滋生既繁仇敵耽耽環集其旁是不能不講保存之法哉今有一鳥羣於此當夏秋之際穀熟於田一羣食之而恢然有餘是時其鳥種之數大加至冬季而一止是時鳥類覓食極難除小麥及花園數種植物之外幾無可食者鳥類之因是死亡者蓋不少也其幸不滅絕者則因是時偏有數種植物天然繁盛此鳥羣賴之以得生雖然其不至於死亡者幾希矣

物競篇五　動植物爭自存複雜關係

動植物同居於一國競爭生存各相與有複雜之關係觀其一端趣已永矣英國

司搭浮得帥而 Slaffordshire 之郊有一廣漠之荒野焉人力耕植之所未施約二十五年以前其地之數百阿克 Acre（英國女名）始植蘇格蘭松自種松後而此荒野本來植物之情形爲之一變景象煥焉一新不唯是荒野植物之比例數全變而已其中新發見植物十二種非常繁茂若是者何以故是不能不尋其原因於昆蟲也因植松以後新有六種食蟲鳥來巢之是鳥爲此荒野從來所未有因有是鳥而其地之昆蟲數大減昆蟲數大減而有十二種繁茂之新植物出植一松之効力遂若是之巨哉不寧惟是因植松之故而其地有牆擱以爲防閑故牛羊不得而入之是亦一原因也

牆擱之効力亦大矣哉請言吾英沙累 Surrey 之事沙累有一荒漠之野其名曰粉痕 Farnhsm 其地寥廓而無生產惟數叢蘇格蘭松 Scolch firs 生於遠山之巔而已近十年以來有人圍其地之大分以牆擱自有此牆擱後蘇格蘭松不殖而繁不數年遍其中皆蘇格蘭松矣其繁茂令人可驚及細察其故觀於未圍牆

欄之地幾無一松非其地不宜松也其松方萌芽時已非牛羊之所踐毀終無一能長成者苟亦圍其地以牆欄不久必叢叢成長林矣

牛羊能限蘇格蘭松之生存既如上論茲更論地球上數處之昆蟲能限牛羊之生存者南美洲之巴拉圭 Paraguoy 國有奇觀焉其地無野馬野牛野狗馬牛狗之自家而野者皆不能存也因巴拉圭國之蠅類有名阿殺拉 Azarc 及能格 Rengger 者其種寶繁野產動物之初生也是二種蠅類則產卵於其臍下其種之滋生極速而繁初生動物之臍下有之遂皆殀死是亦因巴拉圭國食蟲之太少故蠅多蠅多故野獸不能存也觀於司搭浮得師而之新植物何以繁茂巴拉圭之野獸何以蕭條可知生物之戰爭不已所生出之結果不同力勢相角無時可已稍弱者即爲他生物之所勝物種滅絕亦常事也夫何奇之有吾人亦日處此爭競之場不考物種存亡之故昧昧然與天俱化臨死不悟愚孰甚乎

茲再舉一事以明動植物自然之複雜關係植物之生也必賴蟲類移合其雌雄

兩類之花粉余花園中所植之山梗菜類 Lobelia fulgens 來自外國絕不傳種因無蟲類一顧視之也蘭料植物 Orchidacævus plonts 之於傳產者因有蟲類顧視之移合其花粉也土蜂 Humble-bees 者堇菜 heartsca● 所賴以傳其種之物也因除土蜂之外無他蜂顧視其花者有數種苜蓿 Clver 亦專賴蜂類以傳其種有蜂類顧視者二十株荷蘭苜蓿 Dutch Clver 可傳二千二百九十種無蜂類顧視者一種不能傳焉一百株紅苜蓿可傳二千七百種無蜂類顧視者雖一種不能傳焉紅苜蓿之傳種亦專賴土蜂因他蜂不需其花粉以爲蜜也或謂蛾亦能傳紅苜蓿之種然余竊疑其翼不勝此花蕊之重也若英國土蜂之種類或滅絕或稀少則堇菜及紅苜蓿亦必或滅絕或稀少然土蜂數之多少與田鼠數之多少有反比例因或一地之田鼠數多則其地之土蜂數必少田鼠者破毀土蜂之巢食土蜂以爲糧者也牛門氏 Coe, Newman 者最留心察土蜂性情之士也其言曰『英國土蜂三分之二已爲田鼠所殘食矣』然田鼠數之多少又與猫數之多少有反比例牛門氏又曰『近數處鄉鎮予見土蜂之巢較他處爲最多尋其故則因是處之猫數多而田鼠多爲其爲捕食也』因多猫之故而田鼠少因田鼠少而土蜂繁因土蜂繁而其地之堇菜及苜蓿乃能傳種不絕甚矣動植物生存之互相關係若是其複雜也

各物種之向生莫不遇等等之妨止任一時任一處皆有之或減少其數或滅絕其種茲舉同一種之非常妨止事例於此河岸縈廻之濱榛叢繁生焉人多以爲是特偶然耳是語大誤當亞美利加大森林伐除之後有一種迥不同之新植物生於其地人人之所聞也是新植物之種乃南美洲古時印度之遺種昔曾繁爲大林因數百年來環而與之戰爭者有各種之樹各類之蟲及等等殘傷物之禽獸各出其力以阻其生郁郁大林漸以敗壞遂殄其種今以人力伐去現有之大森林也茫茫既殄之古種遂復萌蘖焉生物存亡之故莫不有其確實之原因所謂偶然所謂天意皆無當之說也

一生物之生存必依賴他生物如寄生物之賴其主生物然此自然之通例也因有依賴故生存競爭之事起焉例如蝗蟲及食草獸因所依賴而生者皆草也故二者之爭競較他物爲劇然猶莫如同一種之物而同居一邑同取一食者其競爭爲尤烈也同一種而已變異者其競爭之烈亦相等若小麥之數多變種同萌於一處其種本雜種中之一偏與此土地氣候相宜此一種將獨盛數年而後他種盡滅而此巍然獨存矣又如甘豆一類初植之年其色不同種亦互異植之數年其中一弱種逐漸淘汰必漸少而至不見牧羊者不可以諸變種同住一山因競爭極烈滅絕可畏也醫藥所用之蛭亦不可以數變種置於一處人或謂家養之動植物同居一處而力量習慣構造皆同何也曰是不可執一時之狀態而論若無人力以常保存其種及小弱者五六代以後則天然競爭之狀態見矣

物競篇六　競爭生存以同一種之衆個體及衆變種爲最烈

同一種類習慣同體質之構造同其競爭也必視與異種之競爭爲尤劇在合衆

國其燕類有一種獨盛而他種之數皆減少蘇格蘭自有班畫眉而舊日善鳴之畫眉被尅日希俄羅斯蟋蟀舊種長大自安息小蟋蟀入境尅滅舊種今及難得澳洲土蜂無針自窩蜂有針者入境無針者不數年滅同一類之競爭何以若是其烈乎曰旣同類矣其生活自然同在一處因爭存而大戰大戰而有勝者有敗者距足怪也

上所述最要之理茲再演述之於此任一種之生物其身體之排造與其生活皆極有關係其體中之機關或以攫食或以拒敵或以逃禍或以捕物是於虎之爪牙可見之且於附虎體寄生蟲之足及爪亦可見之於蒲公英 Dendelion 之美麗羽形種子可見之水甲蟲 Maaterheectle 之足平而有緣若與空氣及水之元素大有關繫者羽形種子之用所以便於植諸植物叢生之地落於隙土而得發生也水甲蟲之足所以有如彼之排造者所以便於潛水獵獲棲水之昆蟲以爲食且苟遇有他物之來捕己可速逃也

多種植物之種子中皆蓄有滋養物甚豐是若與他植物無關係者然然當此種子萌芽之時其長極速如豌荳與蠶豆雖生於叢草之中亦可賴種子中物之滋養與環生之植物競爭而不敗

生於延長之區植物何以不二倍四倍其數也曰寒熱異度燥濕異宜如吾欲一植物之加增非有以助之抵制其仇敵防止禽獸之來殘害者不可也至於地理上之關係則非人力所能轉移氣候極嚴肅之地若北極及沙漠則生物爭存之事皆息而不能不爲氣候之所勝雖極寒極熱之區亦有少數物種競存於其間或同種自相競存其競存也乃欲競得最溫或最濕之處以適其生其事微矣若移一植物或動物於新國環之者皆新仇敵雖新國之氣候與是物之本鄉無異而其生活情形亦不能不大變若在新國而繁殖也則培養之之各法當與在其本鄉時同因若是必能助之勝其仇敵也

然則有一善法以助一物種勝其他種乎曰是固無特別法也凡有生機之物莫

不競爭以自遂其幾何級數之增加既有生命即無時無競爭勝者自存敗者死亡是爭也非人力所能與可名之曰天戰 War of nature 天戰者無時而或息者也勿懼天戰既爲物種孰不有死苟欲吾種之不滅且盆庶也蔽於一言曰恒自強。

物競篇終

光緒二十八年九月十二日印刷
光緒二十八年十月初五日發行
（定價大洋二角）

著者　英國　達爾文　斯賓塞
譯者兼發行者　馬君武
總發行所　少年中國學會

女權篇
物競篇

世界
女權發達史

光緒乙巳五月

世界女權發達史

崇英署檢

是書西洋原名婦人之活動、日本譯名曰西國婦人立志編、上海王君季貞譯此書成、命名西歐女子自助史、書中所述、爲英意法德俄荷六國婦人之活動事略、王君更爲補輯歐洲古代女子事略一卷、由女權放棄時期、進而至於女權發達時期、前者種因、後者食果、複演繁嬗、無承不授、此史家例也、又此書雖專述歐洲列國之女子、而女權之不能終厄、乃世界上之公理、歐西諸國、既爲之導揚其先、安知我東亞大陸之女子、不遂起而踵其後塵乎、因易其名曰世界女權發達史、蓋所望以歐西之成效、歆動吾四百兆强半同胞之姊若妹、使各起廢疾而漸得復其完全之權利、令全世界上、無復有殘棄疲苶受壓抑無告愬之女子、是則鄙人易名之微指、而尤願以是書爲之嚆矢云、

世界女權發達史

目次

世界女權發達史

女子社會活動自助之概況

日耳曼國　立德夫人　花爾斯克女士　合述

俄羅斯國

女子社會活動自助之概況

俄國齊勃亮夫女士述

荷蘭國

女子社會活動自助之概況

荷國嘉爾嘉夫人述

吳序

王君季貞。研哲理。富思想。尤熱心于女子教育。譯著是編旣竟。以授余。并索序焉。余受而讀之。心怦怦然。若不自已。溯自新教育輸入以來。不及數稔。當世士夫。慨國民之積弱。種族之浸衰。亦漸知女學之重要矣。而試問女子之職任與權利。究應達至何等之域。而其進化也。究應歷若何之層級。是尙鮮有議及者。是何也。非深究夫泰西女子數千年之歷史。與女權之所以消長之故。雖身歷彼都者。猶不能道隻字。況其他哉。誠以無比較。無憑藉故也。是編所載。歷叙英法俄德意荷六國之已事。而復搜上古女子之槪况以補之。於泰西女子問題。可得其大凡。爰抉其尤要之點。以質讀是書者。

據生理學家之理論。女子之能力。每弱于男子。而是編所載。如議員、博士、教師、醫生、商家、工人、及郵電局執事書記之屬。其職業既日推日廣。凡男子能爲之事。女子幾無不優爲之。可見男女能力之相去。本不甚遠。而必投吾國民之半於無用之地。是不知人類之本能者也。思之。

吾人動謂泰西重女輕男。沿爲風俗。殊不知去今五十年前。

一

彼族婦女社會之所受之束縛苦難。與吾國相沿之風俗。不謀而合者。正多。且有甚焉者。乃不數十年。而女權之伸長。絕塵而奔。駸駸乎有日增月盛之勢。可知世界進化之速。固非尋常意料所及。世有以中外殊俗積重難反爲慮者。思之。

語云。求則得之。西諺云。天助自助。一國之女子不自求。不自助。雖男子羣讓以權利。亦卒歸烏有而不可得。不觀英法各國之女子乎。創一新事業。而女權進一步。闢一新學會。而女權進一步。爭一新法律。而女權又進一步。是必有人焉。爲之處心積慮。敝精勞神。委曲周章。以求達其目的。卽一時不獲如志。而其影響必及於社會。世俗之耳目爲之振動。政府之方針爲之轉移。非女子之有自動力者不至此。吾願女子之讀是書者。思之。且重思之。

甲辰十月上海吳馨識於務本女塾

序

世界者進化。人生者自助。西歐女子之自助也如此。而況男子乎。西歐男子之自助也如彼。而況吾族乎。吾族之須自助也如此其亟。而男與女誰復可以自委乎。今日之事勢。女子當督男子以自助。男子當扶女子以自助。自助之力進。而社會之事物。莫不與之俱進。自助者何。活動之謂。夫人之生也。耦其目。耦其耳。耦其鼻之孔。耦其手與足。腦以前後耦。心以房室耦。消化器以上下口耦。夫惟妙造之機緘。無往不耦。所以吾人之身體。活動自如。是故男與女耦而育子。耦而作家。耦而立國。凡人間社會。締造經營。飲食教誨。種種事業。莫不出於男女之耦。故曰。君子之道。造端乎夫婦。有夫婦。然後有父子。夫使耳目鼻孔手足。一與一健全之度迥別。則有妨於身體之活動也如何。而況男與女相耦以成家國。顧可聽令一者失其健全之度乎。中江篤介君曰。吾邦今日之社會。乃一半身不遂之人。有味哉其斯言。夫日本人之女學。日本人之社會。而猶爲半身不遂。則吾族如何。夫男與女耦而育子。耦而作家。耦而立國。則男與女雖爲二身。實一人而已。今日之事勢。相扶相督。活動以自助。自助以進化。尚可緩乎。尚可緩乎。譯西歐女子自助史。以諗東亞大陸之男子。譯者序。

譯者緒言

此書於吾國。不但女子社會。足以應用。而男子社會。足以應用之處。亦復甚多。

讀此書者。而果思履行之乎。則舉書中一二語一二事。而使見諸事實。卽煩重大之規畫。

然而播佳良之種子者。必結佳良之果實。成例彰彰。有如斯典。經世之大本。實在於斯。

此書重譯再三。茲所據者係日譯本。譯時。於日文必潛心體味。決不失其絲毫神理。於漢文。必力避太雅太俗太繁太簡之弊。務令普通應用。明顯瞭亮。

余既讀是書。而欲譯之。苦不知西歐上古中古時代之女子歷史。無從沿流溯源。統觀其情事。因而別稽羣籍。畧得大凡。今遂纂爲補編。附於另簡。蓋欲輔佐讀者。爲一方便。若夫語焉不詳。掛一漏萬。則固不能免焉耳。

此書。原名婦人之活動。日譯本。則亦名西國婦人立志編。今定名曰西歐女子自助史。

原序

序一

日本中江篤介

女者男之半。斯言也。泰西自古相傳。而稱爲名言者也。夫女既爲男之半。則必兩半相合。方成一體。苟其半即爲女乎焉者。而幾類乎無覺無知無動無能之物體。則其他之半即爲男子焉者。此其覺知能動。亦必不免減少欠缺。由此點以推而言之。則卽人與人相聚而構成之一國。此其國之人民。苟女子之人格卑劣。則男子之人格亦必不高。而國格亦自不能不降居下位矣。試徵之於往事。其在古昔。羅馬最盛強。世界萬國。莫不偃其旌旗之風。而苟爲推究其本原。不獨其鬚髯之丈夫。精悍剛毅。而其紅裙之女子。亦最多活潑敢爲之氣概。極有英勇邁往之丰裁。此蓋著在歷史。而爲甚明之跡象也。卽此而論。可知羅馬國民。非僅其半部人有國民之資格。而實其全部人有國民之資格。此其所以盛强也。余嘗寓居佛蘭西。觀彼國婦人之情狀。於嬌柔之姿態中。卻含壯烈之志氣。時與堂堂之男子。張其議論。而評擊各政黨之長短。誠足令余深感不置也。顧此不獨佛蘭西爲然。其他英德伊美諸國。亦莫不皆然。此則可知其全部國民。莫不有國民之資格。此其所以盛强也。而試回顧我國。我國之民。凡三千八百萬。此數之大半。卽一千八九百萬人者爲男子。則雖其中之最庸下者。如擔夫篙卒。於國家經濟之總量。亦尚不無合勹厘毫之利益。默爲輸補。而獨至其他一半。卽在彼一千八九百萬女人社會之數中。則莫不依草附木。以遂其生。論其眞成之智慧。尙不足稱爲高等動物。如此者最多。嗚呼。吾邦今日之社會。譬諸一人。乃一半身不遂之人也。豈不可慨乎哉。此是書之所以作也。作者之用意。可謂深至。承乏作序。用綴數語。夫綴此語者爲何如人。則最欽羡歐美女人之風。而在我邦到處勸巾幗之流。於裁針餘暇。染指洋學。以改良社會。蓋極喜維新之人。而其姓則中江。其名則篤介者是也。

序二

日本半山望月雄

此書爲五國婦人之筆。而爲美國他士坦登氏之所蒐集彌縫者也。其所載之國則有六。曰英、曰法、曰意、曰德、曰俄、曰荷蘭、其所記之事。則爲政治法律道德宗教教育美術。皆各成於其國婦人之手。舉凡人智之發達。權利之活動。數十年間之事跡。開卷歷然在目。余輩雖鬚髭丈夫。猶或不易及。而況於巾幗婦人乎。嗚呼。何歐美女丈夫之多。夫讀此書。則知權利之爲何物。則知活動不息不可以已。豈但六國當然哉。且夫東洋婦人。實未多見能爲女中之丈夫。而駕英車。鞭俄馬。橫行於德法荷意。與彼婦人相頡頏。然則歐洲之活動。彼既爲之。而且令我知之。東洋活動。我亦何不可爲之。而令彼歐美知之也。

序三　　美國惠爾

君若欲知一國之政治。及道德上之情形。先當問其國婦人之情形。及其所占有之地位。

序四

君若欲知一國之性質。及其男子之性質。先當觀其待遇婦人之方法。

美國花爾

緒言

美國他士坦登

余自一千八百八十年之仲冬爲始。向歐洲各國從事蒐集此書之材料。至翌年之初春。而漸得完備。抑此書之所蒐集者。皆係歐洲各國名望高貴之賢夫人應余之依賴。而各將其國婦人之情形記錄。加以種種之意見。而寄送於余者也。英吉利、意大利、德意志、俄羅斯、荷蘭。此五國則皆成於寄送者之筆。惟法蘭西一國。則余自勞其禿筆而爲之者。

法國婦人之情形。雖其於實地改良進步之點。遠不及他國。至其思想之一點。恐非他國所能及。夫彼解釋十九世紀諸大問題者。女權問題。亦在其內。迄於今日。凡關係於女權之理論。亦既解明。故除英國已頗發達之外。他之諸國。於此層則倍覺其叮嚀矣。

本編所揭載者。開卷第一。實爲英國。蓋深許英國女權之發達。於此較上最達高度。維多利亞占有王席。爲全歐洲中女權進步之最。且就婦人參政上之活動而論。實亦當推英國婦人爲全歐洲之首席焉故也。

本編先列各國夫人所寄送之文。卽於其文後各附以記者之小傳。惟佛國之記載。成於余手。故無小傳。

各國夫人所送來之文章。各用其國之語綴錄。故蒐集者不得不更譯以吾國之語。重在不失其文意。而不暇顧文章之巧拙如何。故足招讀者欠伸及嗤笑之處甚多。讀者取其意而恕其拙。則幸甚。

原序（本書原名婦人之活動）

英國可裴女士

夫於吾人類寄生之此世界。自古迄今所發生興起之各種活動。其數實爲不少。而苟爲無益之活動。則於歷史上。或不記載。或暫記載而終爲灰燼。曾無幾時。而泯然不留其痕跡於天壤者。蓋有之矣。此等無數之活動。在一時雖似足爲活潑之進步。及一朝沈靜。毫不能增進一社會之實力。而依然無異於前時之情狀。妾得以地中海所起之波浪比之。彼地中海之潮水。忽然生衝天之怒濤激浪。雖然。其於潮水之量。決不增加。蓋此浪也。固爲有限之水量所興起者。故於勢力不能久保。及其沈靜。依然不過微波盪漾而已。何波浪之能碎岸哉。亦嘗觀夫彼地中海海岸水陸之際界。數千年間。依然無少差異也。此則蓋與彼等無益之活動無以異者焉。雖然。於此更有一種之活動。全與之相反。而恰如起於大洋之潮水。於其始。各波皆相互而爲一律。以進以動。二則扶一。三則追二。而漸逞其勢。於其終。則所向之海岸。或爲其所破壞。或爲其所超越。然後此水方歸於平。此則爲吾地球上所起各種婦人社會之活動者是已。

妾今試將自古迄今起於政治上社會上宗教上各種之活動。而詳爲觀察。則其運動傳播於四方。而足以比彼大洋潮水之進動者。舍吾婦人社會之活動。而莫能相似。何則。於吾婦人社會以外所起之活動。則有如彼兵亂革命等事。皆僅起於全國民之一種族。全社會之一部分。或宗教社會之一範圍以內。而獨至於吾婦人社會之活動則不然。其所當奮起而不容或已者。蓋住居於吾全世界人民之半數也。此實爲古來所未曾有者也。妾今試就婦人社會而記其重要之活動。則有如教育上之活動。殆徧及於全世界。按教育上之活動。即謂婦女亦得爲教師及著作出版學校設立等事如我中國初無不准婦女爲此等事業之禁令則婦女亦倘享有此等之活動故曰全世界獨是吾國婦女夢夢幷此些微之活動而亦不能好自爲之眞可惜耳有如法律及宗教上之活動。則於亞美利加重逞其勢。有如參政及關於財產所有權之活動。則於英國婦人社會。已大收得良好之結果。至若其他就百般事物而起之活動。蓋不遑枚舉。而亦皆漸得循序奏功矣。

雖然。吾婦人社會所起之各種活動。蓋有一最高之目的地。而不可不必期其達到。此目的地爲何。則必得行代議政體。

而於國家政事上享受自由之權利。然後爲可。所最要者。乃在此一點也。此點不達。其他各權利。雖偶有所享受。而實未可以爲滿意。諺曰。參政權者。婦人地位之關鍵也。誠哉信然。一旦得此關鍵。則道理上所必要之諸權利。悉得享受。因而得有其滿足之點。若不能得此關鍵。則不但其他之諸權利悉不能得。卽今日所僅僅已得之權利。亦且或不能安全鞏固。而保永久維持於不敗。何則。彼男子社會。往往自財產上職業上政治上或宗教上。而起各種之私心偏見。安保其不爲飄風疾雨。將婦人前日所備嘗夫千辛萬苦。乃始爭得此區區特許享受之各種權利。而又一掃無餘也。嗟乎。夫苟無防禦之策。則此所既得之權利。必將又至袖手而被奪於他人。於此可舉一事以爲徵。其事雖小。而可以觀例。卽彼婦人輩手職之業。驟被剝奪。而到處控訴者。不知其數。是也。嗚呼。危矣。故吾國婦人輩。凡識見卓卓。而有欲得各種權利之熱心者。莫不切望能得此參政之權。而未嘗瞬息去諸其懷抱。此情此志。直與我輩婦人之生命而共存矣。

今者如彼合衆國之政府。其參政權雖下逮黑奴。莫不給與。此其處置。實可謂寬大而協於正理。妾則敢信彼合衆國將此權利。而給與支那移住民之日。亦且不遠。又如吾英國之急進黨。則以爲英人待遇印度人之法。未免偏苛。應承認印度人。於彼印度地方。得參與印度立法行政之事。夫雖常抱豁如之意見。包萬斛之學識於胸中。而卓然可稱爲政治大家。如此其人者。若當關於國體之議起。亦且躊躇傾顧。深慮熟考。而不敢輕決。夫三思而後行。鄭重以應事。如是。不但爲世所許。有時且得受公衆人美大之賞讚。利害錯雜。則審判爲難。固其所也。雖然。而獨何必懷疑於以參政權與婦人之一事也。今試設喩於此。妾則爲保守政論家。而評論彼合衆國及吾急進黨之所爲。則如吾國急進黨之所論。於彼印度人民。而竟許與以參政之特權。誠可謂對彼愚氓。而開吾神聖之政門。至於支那移住民之羣集於亞美利加。實未能認識亞美利加之政事。及其國一切之情形。而貿然遽許以參政權相與。則亦眞可謂之爲無慮無謀之政略而已矣。

反是而試一觀吾婦人社會之情況。夫如彼男子中之下等社會。甚而至於印度支那人猶且可以玩弄之權利。非卽爲至尊至重之權利。而亦卽爲吾婦人輩所深願切望。振自古迄今千挫不撓之志氣以相邀取。而至今猶未能眞得之參政特權乎。抑參政權可給與婦人社會之論。則實從愛國心之奧蘊而迸出。維持國家之堅牢及繁榮。保固社會之秩序及安全。其所以希望此權者。乃因如此之故也。嗚呼。彼黑奴及支那人。可謂人類中之穢物。而此貴重之參政特權。猶且不惜與彼手中任其玩弄。反是而其人實爲國民之母。卽己之母妻姊妹。及最愛之女。而不以此參政權相與。果爲何等之怪事乎。是不可以不審思也。且夫黑奴及支那人。全爲異種之人類。而今此於參政權切望不已之婦人社會。則不但爲一身一家所利害與共之輩。卽一國之繁榮衰弱。我與彼非亦共受之者哉。而乃前者不惜與。後者空相羨。則眞奇怪之至。妾所以嘗仰天躊躇。而不能爲愛國者之胸裏設一解也。

今試問大政論家。於彼黑奴及支那人。而參政之權。不可不與。其理果何在乎。蓋其理可謂纖毫無有。而若婦人。則明明爲國人之一部分。就道理上而論。旣確爲其國之人民。自當參預政事。實屬不可變動之正理。況婦人之性質。尤足令國家之結合確固。且確有可得參與政事之能力。試以吾婦人社會。而與彼黑奴及支那人等比較。其優劣之相去。果爲何如。然則於吾婦人社會。而力主保護之論。謂婦人社會。必當與男子同得政治上之權利。且代爲竭力經營。必令得之而後已。若而人者。其理豈不甚長也哉。

且夫如此之競爭。實爲地球人類中一最大之激戰。又爲最足感動人心之一種活動。然而他之競爭。則皆出於人種階級宗門國際之拮抗鬭戰。若此婦人社會之競爭。則全與此等之種類相異。此其競爭。惟見親切之母向其子。嫵媚之女向其父。溫柔之姊妹向其兄弟。和順之妻向其夫。而百方請願。惟見於社會交際上愛情最濃而莫不心醉之婦人輩。卽已所呼之爲母女姊妹妻之人。各各向男子社會而懇請歎願。而於此等勇士之戰爭。絕無鮮血之滴於袍裳。劍光之凌於介冑。烽火戎馬之警備。硝煙彈雨之蒼黃。夫如彼倫敦愚民。要求其權利而不得。則雲集蜂起。而破壞政府之鐵尖垣。如彼虛無黨社會黨等。則專以爆裂彈。石腦油。顯其強迫之手段。若此之事。吾婦人社會所決不忍出。而惟見交際愈濃美。愛情愈纏綿。其所持者。實爲純粹正實道德上之理論。惟將正理人情權利及便宜等事。而告訴。而請求。如此正當迫急之邀索。於地球上實爲未見未聞也。嗚呼。若使全世界之人類。悉一覺其舊來之迷夢。而將社會百般之職務。令妾等婦人輩與男子共同執行。而將婦女身體與財產自有之權。許以實施於政令。於是乎遂達一國人民各得其充分特權之好時節。於斯時也。回顧此無形之競爭戰鬭。則又覺於吾地球上蜂起之最大決戰中。而得有最大之愉快。然後男子與女子。各各心情滿足。握手談笑。其樂爲何如哉。嗚呼。今茲此樂。日往來於吾胸中而不能釋。庶幾不遠而遂能得之。斯爲幸也。

嗚呼。今茲於吾地球上婦人社會所興起之各種活動。其於目的。或則既達。或猶未達。如彼梅櫻桃李。或耐三伏之熱。或凌三冬之霜。而要必有其開花結果之佳晨。但不能免有或遲或早之分而已。要正不妨貯待。況今又得有斯編於此。實爲萬世不朽之著作。而大足以傳吾婦人社會之精神。寶哉斯編。與吾婦人社會之精神。相與共存於天壤矣。若夫遭逢一朝之風雨。而遽有不留痕跡之嗟。則吾不信也。吾今序此萬世不朽之歷史。亦得藉是歷史而存吾名譽於無窮。是則吾之所深幸也夫。

可裴女士小傳

可裴女士。籍愛爾蘭。生於一千八百二十二年。其所著有「通俗道德學論」、「宗教上之義務」、「杜衣來氏道德論」、「人類之希望」、「婦人之義務」、「家庭之維新」、「社會公益論」等書。

世界女權發達史（補編）

上海王維祺述補

歐洲古代女子史略

（一）歐洲上古女子史略

歐洲開化之祖。當推希臘羅馬二國。猶我邦唐虞之世。自茲以前。則書缺有間。雖有傳者。縉紳先生難言之。故今述歐洲女子古代之歷史。斷自是時始。然女子無專史。其事跡散見於各書。舉余所聞而綴拾之。聊欲藉以窺見其梗概而已。挂一漏萬。知所不免。讀者諒之。

希臘時代

希臘。小國也。南北僅二百五十英里。東西最廣處亦祗百八十英里。而此小國。古代更分爲二十餘州。其風尚互異。其最前之時。男女同等與否。於史不詳。耶穌紀元前九世紀。此紀中。希臘先則爲王政時代。後則爲民政時代。王政時代之時。男女皆入國民會。皆有投票權。蓋男女平等。中葉以後。女權漸削。男權漸伸。馴至女任內政。男任外政。然其初。則女子在家。猶受敬禮而有威望。迨其後。乃愈趨愈下。愈失前時之品位。雖在家中。亦復大受壓制。蓋婦人不得輕與其夫之客覿面通辭。凡事皆當服從其夫之命令。舉措進退。不得自由。飲食不同桌。盥匜不同器。夫妻之間均等者。僅臥床而已。呼夫則必附敬語。呼妻則直斥其名字。無故則不得出外門。出門則必以巾覆面。非有夫命。不敢衣錦繡綾羅。若犯姦通。遂賣爲婢僕奴隸。一蹶之下。其受壓制也如此。回顧國民會投票同權之日。眞有相懸天壤之慨矣。蓋希臘人本有獨立不羈之性質。而其弊。乃至於但知利己自愛。不知愛人仁物。故良民虐待奴婢。男子輕視女子。宗教之迷信甚固。婚嫁之約契不嚴。凡此弊風。當民政全盛時代爲最著。勃臘德號稱希臘之賢哲。而因執持財產共有主義。并主張妻女共通之說。直以婦人與器皿田園等視。當時之詩。有人生勿爲女子身。世界乃爲男子物之句。其受壓之極可知。

以上概論希臘二十餘州之大畧情形。今試更論其最著之二州。曰斯巴達。曰雅典。而二州之待遇婦女。則大不相同。

紀元前九世紀之頃。是時斯巴達之憲法極嚴酷。而教育極悍暴。其制。視女子小兒爲國家公有物。小兒初生。即送官檢查。非認明氣體强壯。可望成材者。卽殺之。小兒七歲以內。父母撫養。七歲以外。卽送諸公家所設之教育場。令習嚴酷之訓練與體操。食必粗糲。衣必單薄。至十二歲。則更禁著褻衣。且一年之中。僅許用衣一襲。使耐寒暑。其於女子亦然。裝飾者。古今全世界。幾共視爲女子之本分。獨斯巴達不然。女子非但不得爲裝飾。且不得着外衣。蓋亦所以使其忍耐寒暑。且亦與男子同受嚴酷之訓練與體操。男子欲求配偶。苟非竭數年之力。於陰夜竊獲女子。則不能得。禮克羅頽司法典曰。欲固國基。必强軍政。欲强軍政。必得壯夫。欲得壯夫。必賴强健之父母。生育强健之孩兒。欲得父母孩兒莫不强健。必毀滅倫理。嚴加訓練。其憲法與教育之旨蓋如此。又有富家女子。當與貧家男子結婚之法令。蓋欲藉以均貧富。然彼之憲法與教育。既以女子小兒爲國家公有物。則所以訓練獎勵之者。自無不至。男女一律。無所差異。因是斯巴達之女子。極有愛國之心。以逸惰爲不才。怯懦爲可恥。母之於子。妻之於夫。戰死不以爲悲。脫歸乃以爲辱。與其持盾以蔽兵。不若奪敵盾歸。此相傳爲斯巴達女子送男子赴敵之辭也。

雅典爲希臘之名邦。其最盛時。在紀元前六世紀之頃。至五世紀之頃。乃爲斯巴達攻破。此邦有一最惡之俗。卽男女不平等。男子輕視婦人。以妻爲夫之奴隸。而常閉於室內。供夫役使。故雅典雖號稱開化。然以缺女之子元素。而亡也忽焉。雅典之女子。不得與男子相偕相偶。爲優遊遺興之事。爲人妻姊妹者。不但不得與其夫兄弟之親戚友朋遊散。幷己之夫及己之兄弟。亦不得相偕出遊。雅典之男子。乃不能不別有遺情適興之處。故雅典最多名妓。其譯音曰空派尼凹。妻女不知戶外事。而空派尼凹。有精通理化政法經濟哲學文學者。當時無雙之大政治家。卽雅典之大統領潘利葛立司者。有愛妾曰阿司拍俠。卽出自空派尼凹。阿司拍俠。粹精哲理。爲無神論。潘利葛立司之反對黨。因而坐阿司拍俠以毀謗國教。告諸公廷。欲延罪於潘利葛立司。而逐之國外。而阿司拍俠。更精於法理。援律申辯。乃得免罪。卽此可見當時空派尼四之學識甚高。

雅典國法。男子欲去妻甚易。但須請一證據人。而令妻離去其家。妻即不得不去。若女子欲去夫。則甚難。非上離昏書於有司。有司申諸大統領。而經大統領之許可。則不得離去。故當時離婚。若出於夫意。則曰使妻得暇。若出於妻意。則曰乞許去夫。

雅典國法。強奸良家婦女者。罰金一百獨拉克姆。約當墨銀十八圓。和奸良家婦女者。罰金三獨拉克姆。約當墨銀五角四分。而捕獲狼一頭。賞金五獨拉克姆。捕獲狼子一頭。賞金一獨拉克姆。罵詈人者。罰金五獨拉克姆。比而觀之。當時輕視婦女特甚可知。

雅典男子之視女子。當時名人莫司脫納司之說。頗爲簡明。曰。我等之所以結婚者。蓋我家欲得忠實之女僕。以司內政。且與之爲合宜之禮法。而產子孫。故雇用此僕。別有一嚴正規式。以訂立條件。即結婚是也。

羅馬時代

凡欲明歐洲諸邦古時之情狀者。必研究羅馬史。蓋地中海近側。與亞西亞西方。阿非利加北方。此各地古時所發生之文化。羅馬總集其成。而以之灌溉後世。乃得有近世之文明。然而羅馬之初。雖爲文明。迨其後。則自耶穌紀元之初。迄於五世紀。是爲西羅馬帝國時代。至五世紀。而西羅馬帝國滅亡。自此以後。爲東羅馬帝國時代。至十二世紀。而東羅馬帝國滅亡。其間凡一千餘年。歐洲諸國。皆淪於蒙昧無知之域。古籍盡失。古事盡湮。史家名之曰黑暗世。況爲女子。其歷史之跡。更難研究。茲僅約略述其大概而已。

羅馬之女子。其於政治法律上。均無權利。戶主必須男子爲之。女子不得自成一戶。在家從父。既嫁從夫。夫死從子。無子從其兄弟。

羅馬之女子。於政法上雖無權利。而於家庭之間。則男子待遇女子。尙能平等。不至與奴婢同視。當時之爲母者有二權。一則操持家政之權。一則保育兒女之權是也。

羅馬之結婚有二式。一則爲神裁之結婚式。一則爲官許之結婚式。神裁之結婚式。則以祭官爲媒妁。食神鹽而告婚於神。官許之結婚式。則凡爲婚姻之事。必先稟命於政府。神裁之結婚式。爲羅馬國初之式。其後漸變而爲官許之結婚式。

羅馬相傳之國俗。最重血統與門閥。故自國初以後。歷四百年。嚴禁貴族與平民相結婚也。

羅馬法典有曰。凡人苟有妨害公衆治安之行爲。皆處以死罪。其條目。則强奸故殺放火僞證等是。夫强奸之罪。而至於死。固禁男子之强暴。亦迫婦人以守貞。故羅馬時代之女子。最重貞節之風云。

羅馬時代。因强奸之獄。處理失當。而至顚覆政府者。前後有二次。一爲王政之顚覆。一爲十人政府之顚覆。

歐人今日結婚之法。男女必交換指環。相傳此風實始於羅馬。當時惟男子以此授之女子。而女子受之。蓋寓牽引拘束之義云。

歐洲女子之歷史。與歐洲之宗教。亦頗有關係。耶穌教自二世紀之頃。漸行於歐洲。一變其舊來之結習。因以改易羅馬人之思想。及羅馬皇帝時代。此教蔓延於羅馬。遂爲羅馬國教。其教義則云。一夫一婦。協於神意。男女皆在神心。女不當受苦役於男。男女必須相愛相助。不可無故去妻。耶穌教既爲羅馬國教。羅馬因遂嚴禁離婚。後以犯罪者過多。乃更改施寬典云。

耶穌教。因於十六世紀之頃。經路德改良。守改良之教規者。稱爲耶穌新教。故守舊時之教規者。稱爲耶穌舊教。耶穌教之敎義。雖如以上所述。而耶穌舊敎徒。於男女間之交際。仍挾男尊女卑之意。彼有名之曾爾斯之言曰。男子爲婦人之主權者。柔順爲婦人最大之德。觀此語則其情可知。至於中古。該敎門之長老仙僧等。更輕賤女子。或以婦人爲不潔物。或以婚姻爲有罪惡。脫立恩訴婦人爲地獄之門戶。希陸尼摩司斥結婚爲永久之惡弊。舊敎徒之蔑視婦人如此。可謂無理。彼路德力行改革。誠不得不然也。

(二) 歐洲中古女子史略

自第四世紀之末。至第五世紀之初。而日耳曼人種中之喀司族。瓦思達爾士族。並匈奴等族蠻民。自歐洲之北。亞洲之西。侵入羅馬。以漸割據羅馬帝國之領土。至第十一世紀。則羅馬全土。盡被殘毀推滅於喀司族。文物掃地。書紀散失。雖在顯貴。亦多不能讀書者矣。而當時日耳曼女子之歷史。大致如左。

日耳曼之地。卽今德意志、奧地利、比利時、荷蘭、諸國之地。較之羅馬屬地。則氣候寒冽。土地磽瘠。多長林藪澤。日耳曼人棲息於此。爲澹泊之生計。其男子以佃獵戰爭、爲事。其女子以理家政耕田畝爲事。若有軍旅行役之事。則男女偕行。其在男子。方當幼時。卽與父相偕田狩。跋涉山川。而其平居游戲。亦勉令擊刺劍舞。所以筋骸强健。而且嫻習兵事。旣及壯年。乃有舉出於公會之大禮。領受可爲自由男子之神符及兵器。自是以後。常攜帶之。不離於身。而在女子則不然。終其身甚不得自由。試考赫莫薄爾額市之古法。則彼種人男女間之交際。概可窺見。其法。通姦者。獨處婦人以重刑。而偏寬免男子。夫若罰其婦。則與父罰其子相等。而不得不受。夫若以其婦爲不貞。卽可斷其髮。笞其體。而放逐之。其古時之風俗既如此。積習相沿。故至於今日。而試究德意志之民法。尙不以女子爲能獨立於國家及社會之人也。

十世紀十一世紀之頃。爲歐洲封建制度最盛之時代。封建制度之主義。以干戈得物。以殘逆制人。是時喪亂暴虐。悉臻其極。而小民與女子之大受屈辱困苦。更不可以言語形容。蓋幾以非人類者相待矣。物極必反。而有義騎制度出焉。義騎制度者。當時貴族中有顧全德義。而熱心匡正時弊者。相與合群聯隊。立誓於神前。曰。我等誓本耶穌之教旨。而相與戮力。以救濟無告之人民。被虐之婦女。既如此立誓之後。則皆跨駿馬。徧歷四境。索小民與女子之被淩虐者而救濟之。此義騎制度。其初發現當十世紀之末。而其精神之傳布於世。甚爲神速。轟轟烈烈。恰如電氣之發光。迄十一世紀之中葉。而上自王公。下至走卒。莫不感動。賴有此義騎制度。而大能增高女子之品位。培養女子之德行。光顯女子之性質。使女子得回復其人格。而重與男子平等相待。交相爲友。及夫傳之甚久。而矯枉過正。則又別生一端宗教之迷信。其迷信奈何。則曰。平民必敬愛神與貴女。敬愛神與貴女者。來世必往生於武士之家。此等陋說。蓋爲耶穌舊教徒之所創行者也。

自十一世紀之中葉。至十四世紀之中葉。而耶穌舊教。卽法王教者。行於歐洲。其勢力甚大。統一各國。而奴隷王公。政教兩權。皆握於法王之手。故此際專以宗教統御人心。制裁萬事。而此勢力。遂亦顯出於男女結婚法之上。法王以爲男女結婚之事。全屬神事。而非人事。故須專壹聽命於神。然而又增立結婚妨礙法。凡九族之親類戚類。皆不得結婚。又申禁令。令夫婦永不得離婚。如此。則結婚離婚之事甚難。夫婦之道大苦。而法王之法令中。乃更有一條。曰。凡犯婚禁者。其發露時。經法王之聖許。則可以免罪。而乞法王之聖許者。必納金於法王。其法令中所別載之一條蓋如此。當時法王。藉此婚禁免罪權。而所得之金貲。竟爲歲入巨額云。

宗敎勢力一變。而又變爲武士勢力。此際婦人之位分甚尊。蓋十字軍未興以前。宗敎最有勢力。故敎育之權。亦操於僧侶。自十字軍興。而僧侶不能閑居寺內。或攜兵入隊。或與世人交際。漸棄其敎育之專權。而若武士。乃爲疆埸之所必需。以故是時特見尊貴。戰鬭力既出於武士。故敎育權亦移於武士然而武士斷不暇自任敎育之事。故又將敎育權委之於其妻。故當時武士家之夫人。最爲尊貴。

武士。敎育之法。男子自七歲以下。在母之膝下。受其敎育。至七歲以上。就近地之王侯武士家。而供役於其夫人。稱之曰侍童。夫人訓以言語動作之規則。接賓應事之禮儀。侍童之於夫人。常侍食侍出。任種種役使。而學術與體操。皆由貴夫人主使修習。惟別有教師教之。侍童至十四歲。得入壯士之列。攜帶兵器。若有游獵戰爭之事。則隨侍主人。外出練習。平時則仍服事其夫人。必極誠實黽勉。恪愼恭敬。至二十一歲。得前所事之主人與夫人。證明其人之宜爲武士。乃備莊嚴之儀飾。而入武士行列。此時齋戒沐浴。通宵祈禱。自白其罪。跪神席前。受聖餐。宣誓辭。曰。「余自今吐忠信之言。棄邪惡。依正理。崇宗教。護僧侶。守衛寺院。懲暴助弱。蔽護婦女。盡力保貴婦人之榮譽。不犯罪。不爲惡。見有爲基督教之敵者。以死敵之。」誓辭終。則由其所事之夫人。手授甲胄。而武士之養以成。凡爲武士。品性必剛直。才德必修明。身體必壯健。終身有庇護貴婦。得其歡心之責任。凡爲男子。必優待婦人。必能詠寄情婦人之詩。必能和之以樂器。

武士教育時代之女子。自七歲以下。則在家庭。或受母教。或別依保姆而受其教。七歲以上。則與男子共習讀書唱歌。兼學烹飪裁縫。其高貴女子。并學羅甸語音樂詩歌。蓋男子誠當得婦人之歡心。而婦人亦不可不養其德性。修其學藝。以全榮譽。凡爲女子。必善自修養。品格高貴。方能得雄毅武士之眷戀。而結爲配偶。蓋武士教育之制。男女固均受感化也。

此武士教育之制。當時歐洲諸國。若日耳曼、法蘭西、西班牙、英吉利。皆採用之。其區域甚廣。其後與封建之制。同時廢廢。義騎之制。封建之制。及武士教育之制。至十五世紀十六世紀之間俱廢。而改良宗教之議乃興。耶穌教遂分爲二派。一爲舊教。（即我國今所稱之天主教）一爲新教。（即我國今所稱之耶穌教）新教隨當時人革新之風氣。而將舊教改良者也。故萬事皆頗任人自由。其結婚之法。定爲人事。而非神事。凡舊教中結婚離婚種種苛禁。皆除去之。

迄十七世紀。而學問上自由研究之風盛行。其於婦女之進化。蓋亦漸有影響。此世紀內。英國凡經二次革命。而民政以成。迄十八世紀。美國革命。法國革命。革命之風潮更盛。而彼亦人我亦人之唱聲亦愈高。迄十九世紀。革命之風潮愈盛。學說愈明。人格愈進。彼亦人我亦人云者。則即男亦人女亦人之謂。如此高唱。而西歐女子之歷史發光矣。說詳正編。

世界女權發達史（正編）

美國他士坦登蒐集

上海王維祺譯述

英吉利國

女子社會活動自助之概況

（一）、英國女子於參政權上活動自助之概況

英國福式德夫人述

天下複雜之品。無過於人間社會。而從此社會中發生之事。又莫不複雜。故欲即社會中所發生之一大事。而搜索其陳

迹。以指定其起因。沿流溯源。由今推古。著明其確然了然之歷史。則頗非易易。雖然。若我英國婦人社會。其於近時活動變化發達進步之歷史。則妾頗能述其一二矣。

英國婦人社會。其希望能得政治教育交際職業等種種之自由權。實爲近來所發生之事。今當順序述及。請先言吾婦人社會。於參政權一事。發達進步之情形。

耶穌紀元千七百九十二年之頃。吾英名人亞爾斯呑女士著一書。名曰婦人權利之保護。此實爲主張婦人參政權之權輿。至千八百十年。彼有名之斯密斯氏軒爾黎氏等輩出。皆主張婦人參政自由之論。而此事乃頗有進步。至十九世紀之初年。卽千八百三十年之頃。更見恢擴而造於隆盛之域。則實因彼佛國革命之原素。即所謂共和精神者。此時摩盪勃興。而扇起抵抗威權之風。發動人權自由之論。於社會之各方面。已造於極盛。故吾英之婦人社會。亦漸知權利之爲何物。應其地位而生新思想矣。雖然。此特爲其近因而已。若更推其遠因。則彼彌兒氏之於婦人社會。實能誘導保護。終身不懈。以培養婦人對於權利之知識及能力。而使其萌芽由漸條達。迨及其後。革命之大風潮興起。而適足以爲應用之具。如彌兒氏者。可謂開發我婦人社會之大賢哲矣。彌兒氏著有男女同權論。人所共知。不煩更述。而其他若經濟論。自由之理。實利學。代議政體論。及其他之論文。皆一掃舊時僻陋之見。其文集中。更有鉅製一篇。痛論不可不與婦人以參政權之理。謂若於婦人社會。而不與以參政自由之權利。則徒令世界人類之半數。失其發達之機運。實爲當路者之失策。且全世界之不利。婦人社會之不幸。亦莫甚於此。其命意措辭。愷切懇摯。大足令讀者興起。妾以爲彌兒氏之胸中。常存主張女權之意。故於其著書演說之際。無論本題爲何事。而若婦人參政權不可不與之理。幾無處不寓。此非獨妾一人之私言。讀者諸君。當亦共以爲然也。

彌兒氏之主張女權。其熱心雖如此。然非但不居首倡之任。且力避其名。試舉一例。一日於某地演說之際。有一演說者。稱揚氏女權論之卓識。及氏登演說壇。急改正其言曰。此書乃本最著之數學士及衆多貴婦人之意見而爲之。非出於已一人之卓識也云云。卽此以觀。不已可見氏謙遜之甚乎。且夫氏既爲主張女權論之先導者。又爲組織女權派之創業者。於我婦人社會。其功實爲最巨。此猶技術家。其始一人創造一物。而傳諸數代之後。則他方之技術家。莫不祖述仿傚。夫是故迄於今日。我國主張女權論者輩出。然皆遙受彌兒氏之感化。而服膺其所說者也。故卽謂此輩爲氏所造成。亦無不可。至於彼主張反對女權論者。無怪忌之如蛇蝎。雖然。忌則忌矣。而於不知不覺之間。亦徐爲所感化。如我國會。當時可屈指數之議員。方其初。驟聞婦女應與參政權之議排擊百端。何等頑固。迨其後。乃卒自變其說。而謂女子當先注意於教育。必令有與男子相等之才力。方得立於廟堂。而參與政事。此說也。雖於參政權尙慳吝不願與。而其實際。則固已折服於彌兒氏所持之議論矣。

抑於我英國婦女參政之事。彌兒氏所以得建大功者。無他。主持實際。不騁虛論。有善良之精神。而不抱激急之心性。其所創女權論。誠可稱爲能得最適宜之點。有此佳因。故能收厥良果。蓋當時吾英國社會之人。其知識皆尙幼稚。男亦人。女亦人。天賦人權。萬民平等之理。能見及者尙鮮。故彌兒氏不執此論。以主張女權。故彌兒氏曰。世人或謂婦人亦當參政。因此參政之權利。即爲天賦於人固有之才能。雖在女子。亦同是人。自當善爲操持。而不可失墜。立說若此者。余並不贊成主張。隨聲附和。余惟計較社會上之便宜。而以爲雖在婦女。誠亦不可不與以參政之權耳。夫世之謂不可與婦人以參政權者。執有二說。一則曰。婦人無與此相適之能力。一則曰。恐惹起社會之危難。如此而已。雖然。苟抱此等之疑慮。則男女皆當勉進於學。而令人人具有參政權之資格。方爲社會之幸福。其利害非獨存於婦人。蓋若與婦人以政治上之權利。使其人格發達完備。則於社會之大勢。不但無所損害。而且甚有利益。即使稍有損害。而所得之利益最大。自能將損害抵禦而令消滅。況若於社會組織之本原上觀察。則與婦人以參政權。尤確見爲便宜。而毫無流弊。故予決非徒然主張平等自由之說。而謂婦人亦當有參政自由之權利予但謂於男子一方。既欲竭力求此權利之發達進步。而於女子一方。乃偏竭力將此權利阻撓抑止。則於籌謀吾英全社會便利之目的與宗旨上。苟審思之。實覺背繆耳。彌兒氏持論之紆徐婉曲也蓋如此。一千八百六十七年五月。彌兒氏於下議院。曾本此旨以爲演說。而大動衆聽。由此以觀。則可知彌兒氏誠爲主張婦人參政權之熱心家。而始終執此卑無高論之說。以冀得當於當時之社會。蓋其說愈工。而其心彌苦矣。

諸君。苟凡吾英女子。而皆得獲有參政之權利。豈不甚願。雖然。試考之於法律上。如彼男子。猶且必須有能得參政權之資格。而後方可得有此參政之權利。則凡我女子。自亦必須與彼同等之資格。而後方可得有此參政之權利。自不待論。

卽如於城市。苟非屋主及地主。於鄉村。苟非屋主及田主。卽不能享有此項權利。何則。試觀憲法上參政權所有者一條。其下之諸子目。與全社會有種種之關係。故與女子以參政權。自不能不參照審愼。況女子之結婚及他事。與男子相牽涉者甚多。與女子以參政權上之自由。若偶一不愼。而失其當。則足以引起憲法混雜之弊。甚至令此所定之諸條目不能執行。則於全社會。不但無益。而反有損。大爲不可。故凡主張婦人參政論者。於此項重大問題。則固不可不硏究折衷。而使歸於盡善。方爲妥也。

嗚呼噫嘻。我英女子社會之全體。向我英男子社會之全體。而請願焉。曰。諸君既費多年之心血。而制定此最適宜之憲法。我等咸願遵從。願將此憲法。完全執行。豈不爲憲法上最緊要之意義。乃人民同等之權利。於男子。則既得完全享受。而於女子獨不然。遂使我等女子。對於社會。品格卑下。志趣屈抑。不能盡行其扶助社會之義務。則何歟。其辭如此。彼男子社會。不能置答也。蓋我國婦人社會之舉動。常步於實際。而不趨於虛空。其性質則中和。而識見則平實。庶幾因持此寸心之故。稍免於同胞男子之嫌。而得以無咎歟。

我英婦人社會。以忍耐沈着爲宗旨。絕不唱高尚之理論。惟其如此。而於婦人社會之活動。却得大有進步。則此宗旨。反可謂爲我輩婦人社會圖活動進步之一大機密。豈不奇歟。

夫彼男子之於女子。苟有稍涉高尚之語。吹入其耳。即爲之戰慄色變。雖然。若變改其說。而如琴氏或如伊氏之涉於實際。（二氏皆從實際上持論者）則聽者便不嫌惡。因而其事理易令解悟。此爲確有功效而無容疑者。此雖細故。亦足察當時民間之傾向何如也。

一千八百六十五年。即彌兒氏提出修正案於國會之前二年。是時我英國婦人社會。於投票選舉代議士之一事。尙未向國會要求與男子同一之權利。而是年先發動一事。此事蓋足爲我婦人社會。要求此項權利之階梯者也。其事爲何。則即於是年之總選舉。徼天之幸。而彌兒氏被選爲惠斯禿明郡之代議士。斯眞可謂得一主張女權。而爲社會中傑出之大首領矣。

於是迄一千八百六十六年。而吾婦人社會中之有志者。共於倫敦組織一會。名曰婦人委員會。以主張婦人參政權。蓋此會所以創立之故。則因吾英婦人社會。謂凡婦人而能有法律上之資格者。亦當得享有投票選舉代議士之權利。持此說者日多。於是將遂爲請願書。以索此權利。故先結此會。以爲機關而募集同志也。當時此會既立。即得同志之婦人一千四百九十九人。既有如此之多數。遂於一千八百六十六年。將此議提出於國會。

一千八百六十七年。前此於倫敦所立之婦人委員會者。其目的既達。故此會之組織遂解。而添祿爾夫人。乃更設一倫敦婦人協會。以繼其後。此協會既設。常與他處多數獨立之婦人協會。脈絡相貫。而於擴張女權之事。大爲得力。此時英倫及愛蘭都府。及其他各地方。與倫敦婦人協會目的相同之會輩出。計英愛兩土。已達四十餘處之多。當時倫敦婦人協會之會長。則爲彌兒氏。書計兼會計。則爲添祿爾夫人。蓋此會常開於添祿爾夫人之家。頗極隆盛也。

此等協會既設置。而彌兒氏於一千八百六十七年五月二日。遂發議於國會。請將奇施雷列氏改正案之第四節。更加修正。删除(MAN男子)字。而改爲(PERSON人)字。此事也。於我輩婦人社會權利發達。最有佐助之力。蓋我輩婦人社會之權利。實賴此一語。而始得侵入於吾英國國會之中。權利發達。而活動隨之。彌兒氏先導之功。永不可忘也。

一千八百六十八年四月。於孟起惠斯之會議所。開一集會。此時失爾夫市尹之妻、及帕琴女士、及陸帕爾頹孫孃、炳克爾孃等。皆升於演說壇之上。而以豔美之辭令。爲婦人之全社會。大鼓其氣力。遂使勃然而興起矣。

同年五月。再開集會於薄爾冥。於倫敦。更藉衆多貴夫人之盡力。而開一大集會。此會始於一千八百六十九年七月。其會塲則在硜梯。其會長則爲祿爾夫人。而若愛爾氏、硜泥爾氏、彌兒氏、花他公、廡恒氏、奇爾克君、華陸爾氏、硜俄斯利僧、麥隣博士、施泰爾氏、花拾秃氏、施士蘇愛爾讀氏、華山托氏。皆有優美之演說。妾則亦忝附於其末座矣。

抑從此時而回溯十四五年前。即在千八百五十五年之頃。

則世人得聽婦人演說者實稀。故假令有婦人中之雄辯家。雖其辯足以淩駕男子。而一登演壇。則聽衆且不顧其論旨如何。共相猥瑣品評。甚且嘲笑罵詈。無所不至。以故演說者。亦有說向木偶聾人之慨。而迄於當今之世。則婦人演說。衆人亦既慣聽。且世界文明之國。皆頗主張女權。此其風潮所被。莫不感化。故遽一變。而轉以得聞婦人演說會之數語爲深快。苟聞有婦人演說之舉。卽各拋業務。爭赴會場。諦聽靜觀。研究意義。斯其評論之的當。亦非復前日可比。自無待言矣。於是演說者。乘此時機。亦復大加奮勵。莫不馳逞論鋒。鼓動衆意。然則今日吾婦人社會之命運。必且日趨於盛。其機之可覩者。蓋如此矣。

一千八百六十八年。卽已經議定奇施雷列氏改正案之後。而方當舉行總選舉之前。我婦人社會。乃又相與結盟。商量爲一請願書。以呈諸法司。請彼鑒定。其所請願之事。則謂婦女亦應加入於代議士投票者之中。而得選舉代議士。此盟也。我婦人社會。莫不齊心協力。僅就孟謙司禿爾一地方之婦人。計算其確爲一家戶主。而簽名於此請願書者。已有五千三百四十六人之多。雖然。法司於此書各條之中。所認可者極少。十之八九。悉被駁斥。是時惟失司加立司拍立克一地之婦人社會。雖多數之婦女。亦未能請得投票以選舉代議士之權。而別有資格最高貴。甚少數之婦女。計共二十七人。法司許以有投票選舉代議士之權。遂結爲一隊。赴投票場投票。而選舉俄落徒司吞氏爲議員。此其投票而選舉也。既是一秉至公至正之意。且又始終謹按規則而行之。以故甚爲得體。絕無營私招謗之弊。然而孟謙司秃爾之婦人社會。則更無一人得法司許有此項權利者。遂不能選舉代議士。於是至一千八百六十八年十一月。凡未得投票選舉權之多數婦人輩。訴於普通裁判所。蓋此衆婦人之所主張者。以爲按照一千八百六十七年及八年之條例。已許婦人得有自主之權。然而裁判官對於此訴。乃下裁判之辭曰。依憲法及琶呵莫公所發之律令。雖有如此之條例。然於國會議定之總條例中。則凡有人MAN字之處。若對此更有女WO-MAN字以爲區別。則女字專指女性之人而言。其人字雖屬通用名辭。於此實爲專指男性之人而言。若無此女字以爲區別。則人字卽爲通用名辭。統指男女兩性之人而言。今議及此。自不能不顧吾國會之主意及目的。如彼彌兒氏。當一千八百六十七年五月。曾於國會中。有提議修正之案。因贊成員少數而被否决。則可知國會素來之主義及目的。不與婦人以參政之權。今本裁判所自應援案辯理。故於此訴。定爲否决。我婦人社會自受此倒行逆施之裁判。而婦人參政上活動之志力。反更倍盛於前。或於各地方開集會。或於各都府開演說會。或擬就向國會提出之請願書。而刋之以分送於各協會。或將婦人社會要求投票權之事由。及其所以必須要求之情理。幷其願書之條欵。揭載於都下之各新聞紙。俾世人無不周知。凡此種種之方法。協力經營。務欲令輿論之風潮。大爲動搖而後已。

至一千八百七十一年。乃有九十餘輩之婦人。共同發起。又議公撰一要求叅政權之書。而呈之於額徒司呑氏。及今日之皮徑司非爾徒侯。卽當時之歆司雷黎氏。且因欲求多人相助。俾得達其目的之故。日夜盡力討論。或則從事於演說。以力破當時一種荒謬之議論。蓋當時於府縣會。頗行一種謬論。謂與婦人以選舉議員之權。實爲至不適當。故我輩婦人社會。先行力破其說。於是有熱心主張婦人叅政權之國會議員某氏。將右之事項。作爲議案。擬向國會議塲提出。以備諸議員之討論。而於是年。則先付諸孟謙司禿爾。及失耳花耳途。及薄倫黎。俾以上之各縣會。先將此議案討論。應否向國會提出。其結局。則贊成者乃得多數。於是乎此議案提出之事。遂定爲可決。迨至其翌年。而請將此議案。向國會議場提出者。陸續接踵而至。愈見其多矣。

於是勢力亦遂更進一步。何謂更進一步。彼男子總社會中之各分社會。凡前此於婦人參政權之集會。素未嘗措意者。至是而於此問題。亦皆欲注意研究。於是乎各就其目的之所近。即互欲注意研究之一點。而亦結爲一大懇親會。當此會初起之時。世人頗誤以爲主張女權之會。故凡熱心主張女權家。苟以才辯見長者。皆爭相來會。演說討論。頗極一時之盛。既而乃漸知此會之眞目的。初非欲向世人表示女權贊成家之多數。却爲疑忌女權論之徒。或局外之人。相與聚集。而各自究明其黨之主義意趣。以冀將來結成親密之交際。而得大有利於已黨。其目的乃如此。故其勢雖暫見偉大。未幾即一變而爲一小社會之團結。其員數亦從而減少矣。然則欲因此會。而期望女權之擴張。其勢不能。於是我婦人社會。更憑我輩婦人自己之能力。大爲運動。有如彼勞役社會之婦人輩。則於孟謙司禿爾、倫敦、拍爾明黑莫、白禿亞爾塗、額司誇、諾輕黑莫等之各處。皆召集大會。是會也。不論何處會場之上。皆更無立錐之餘地。輕鞋相接。垂裳相交。花簪雲鬢。十里不絕。見者驚愕駭懼。當時都下報紙。評此集會。以爲得未曾有。其信然也。夫彼勞役婦人輩。欲得參政之權。而於各地大爲集會。其熱心猶且如此。則彼卓越之貴夫人輩。開場集會。演說討論。以喚起世人之注意者。自比彼等尤增一層勢力。此其興會。更當何如。蓋可推想而知之也。

勞役社會之婦人輩。各發其熱心。而結此大會。如潮趨海。如火燎原。大有不可猝當之盛勢。然或用炸藥而破壞房屋。或用快鎗而殺傷人衆。如此暴厲之舉動。則爲絕無。皆循溫柔之手段。而本和平之宗旨。以相要求。其次序則整順。其性質則良厚。是故其動作。能纖毫不亂。而百萬人如一人。於是一時流行於世間之謬說。所謂婦人要求參政之權利。不可不禁止者。自有此集會。遽足以杜塞其口。遂使自此以後。沉默無聲。而立法官。卽國會議員者。乃不能不速應其請。然則此會之功。亦豈不甚大矣哉。

讀者諸君。君輩所最當着眼之一大主點爲何。則凡吾輩婦人社會之活動。乃皆由我輩婦人社會內界之自動力以釀出。而非由其他外界之被動力以製成者也。蓋凡竭力開化。以轉移風氣。且於此活動。而加以速進力之諸婦女。其於才智技術文學及道德等各事業。莫不非常卓越。今試略舉其最著高名之諸貴夫人則有如沙莫爾威爾夫人、赫爾立施夫人、麥爾邱夫人、彌輕額爾夫人、濮甯克夫人、可裴女士、鐵奇夫人、嘉濱他爾女士、什摩孫夫人、此等之貴夫人女士。其才德品望。實皆足爲我輩女流社會中之先導者。而令我輩今日。遂得達此活潑之地位。無非仗此諸位貴夫人女士之力。豈不甚可感佩乎。

妾今當繼上文而更舉要端。以記婦人社會活動自助之景況。則我輩婦人社會。今此活動之情形。其所由來。上文既已向國會之歷史中搜索。下文更當從彌兒氏初入議院。而導引此活動力之事蹟推詳。彌兒氏初入議院之時。卽一千八百六十五年。今更試從是年。以順次序述彌兒氏與我婦人社會相關之事。

彌兒氏之占席於國會。蓋僅歷三四年間也。彼自一千八百六十五年。選爲惠斯秃明之代議士。至一千八百六十八年。而失其席。其後彼未遂再被選舉。而出於國會議場。迨至一千八百七十三年之末。遽然逝去。則氏擴張女權懇切誠摯之靈魂。徒然共北邙一片之煙。而消沉於無何有之鄉矣。豈非可稱爲婦人社會之一大不幸事耶。

當彌兒氏之晚年。即一千八百六十八年。是年之總選舉。則改進黨之勢力甚强。遂占過半數而制勝。因而婦人參政權之問題。迄於六十九年國會開會之時。更無異動。雖然。此年實亦可爲我婦人社會活動前進之吉年。問何以故。則以是年都市改正條例之議既定。而女戶主得與聞市區選舉之權故也。

一千八百七十年。花爾師秃爾氏提出之教育議案可決。自此以後。凡女戶主得與聞學務局選舉權。遂有學務委員之資格。此事又與女子以活動進步之一階級。而女子社會。更見活動進化矣。

女子無權之法律。理當廢止。此議案。先曾提出。而被否決。一千八百七十一年。經善憝[illegible]勃蘭意禿氏再提出。而共負此責任之縉紳先生。則有衣施奴乙克氏。（氏爲保守黨黨員。）拍來夫哀爾氏。（氏在當時爲改進黨黨員。而其後爲驛遞總管。今日則爲國會委員長。）此議案當討議之際。額拉徒施呑氏最爲反對。痛論之曰。於此議案。而投票贊成者。實爲最不適當。然彼說雖如此。而議長則已將善氏所提出之議案。載於箄記。付諸公議。遂因該議案。而引起善氏一大演議。其就關於男女間種種之法律而總論之也。則曰。試將婦人比諸男子。則知其甚受欺壓。而於法律上不公平之處極多。其排擊離婚條例也。則曰。此條例之意旨。歸於對婦人則與之以惡結果。對男子則與之以善結果。其就關於夫婦間諸般之法律而論之也。則曰。英國之法律。於婦人甚欠公平。國人生計中諸端之危害。大半因此誤謬而生。其遒勁之掉尾也。則曰。苟愛國之男子。則第一要義。即不可不將女子之法律改良。而使之歸於平等。如此結論。以促起滿塲傾聽者之注意。此番演說。大受物議。不但平昔與彼反對之黨。交相詬論。即己之同黨。亦頗不以爲然。此時秉權於政府者。爲善摩斯君。善摩斯君即首先向此演說。而發最强之攻擊。此外反對者甚多。皆百方駁議。雖然。此等之人。其後更無起而爲政黨之首領者。而當時贊成此演說者。則有若奇爾克君、拍雷恢爾氏、誇爾禿泥氏。至其後一千八百八十二年。皆占居政府緊要地位。而於政治社會上。儼然仰爲泰斗之人也。於此議案。贊成員得一百五十九人。而反對者得二百二十二人。反對者既占多數。則此議案之命運。將趨於何方向乎。乃仍有進取之勢。而無退屈之虞。豈不甚奇。則有故焉。蓋以於此贊成員中。顯官則有若欵司雷黎氏。（即今日之皮硜司非爾徒侯。）有若槐爾徒亨禿氏。有若乙勃禿孫氏。有若琴門奴司公。有若陸山耳額爾泥氏輩。皆保守黨中可屈指數之人。且此諸公。即爾後組織改進黨政府。以迄於今日。而尙未退朝者也。其他著名之人。則更有若奇爾克君。有若花山施氏。有若莫爾昂氏。有若拍來夫哀爾氏。有若惠爾途氏。

有若禿來烏惠拉恩氏。有若威爾利華電氏輩。又皆一時之俊傑也。於一千八百七十四年二月之總選舉。則保守黨占多數而執政柄。我女權保護者之首領奇惠売勃勃蘭意禿氏。及反對者之首領蒲威廉氏。皆未被舉。雖然。奇惠売勃勃蘭意禿氏。幸於一千八百七十六年三月。再被舉爲孟謙惠司禿爾府之代議士。因而得將廢止婦人無權條例之議案。再提出於國會。是年四月二日。當國會第二次會議之時。奇惠売勃勃蘭意禿氏。於下議院。扶助花爾米斯氏。而相與將此議案。大爲盡力主張。時則有琴勃蘭意禿氏者。與奇惠売勃勃蘭意禿氏。兄弟也。前時亦爲女權保護最有關係之人。孰意至於此時。其持論忽變。而抵抗該案甚力。以故奇惠売勃勃蘭意秃氏。與花爾米斯氏。彼二氏雖甚盡力主張廢止婦人無權條例之議案。而不能奏其功。嗚呼。女權保護者。而忽翻變如此。我黨之不幸。爲何如乎。

女權擴張黨派之有力者。既俄然翻變如此。則彼改進黨中。於此女權擴張議案。本爲首鼠兩端之諸君。遂更憑藉此反對之說。而居爲奇貨。此其結果。乃使女權擴張之主義。又至遏絕廢棄。所謂功敗垂成者也。以故此次之議案。贊成此案者。僅得一百六十一人。而反對此案者。乃有二百四十八人。一

廢止婦人無權條例之議案。雖屢次被議院否決。而一千八百七十七年。經善慤蒲勃蘭意秃氏。又於國會提出。然此年之冬。適氏得病。遊於他鄉。數月不歸。因而其事不能有成。迄

七十八年。藉麥爾秃泥之力。將此議案。又向國會提出。雖然。當此之時。我國朝野之耳目。悉注重於東歐之行成。國內之事。置不暇顧。政治問題。於國會塲中。堆積至以衡計。况爲婦人問題乎。不得不暫措不論。勢固然矣。而熱心主張此事之誇爾秃泥氏。於一千八百七十八年六月十九日。當國會第二次會議之時。又將該議案提出。且將滿腔熱血。注向舌端。而大爲勉勵議員之討論。然雖一時頗動議塲之衆聽。而至其結果。乃不異於前時。贊成者僅得一百五十五人。反對者則有二百三十四人。

一千八百八十年。是年之總選舉。則不論直接間接。而於我婦人社會。皆有大利益。直接之利益爲何。則女子確當與以參政權。熱心主張如此之說者。日見其多。且主張此說之人。得占內閣之坐席。其主張反對論者。則既日見其少。且皆失其舊有之勢位。是爲直接之利益。間接之利益爲何。則此次選舉之競爭。彼競爭者。於我婦人社會。皆能盡力。額徒司呑氏。向其選舉區之婦人而演說曰。苟於此次選舉競爭之事。而婦人於我與有力。則我他日對於婦人社會。必當盡力保護。舉此一端。可概其餘。是爲間接之利益。夫利益之範圍擴大。卽勢力之範圍擴大也。婦人既有如此之勢力。則去參政權實有之日。自不遠矣。

一千八百八十一年。是年之國會。則現今政府之組織。卽繼續此國會而成者。此國會大爲混雜。故婦人無權廢止之議案。更無引導之機。且於前國會中。爲婦人社會先導之誇爾施泥氏。斯時則轉任內務次官。以故於此次國會初開之期。則我婦人社會。旣已失我黨之首領。雖然。繼起而代之爲首領者。即身爲挨斯施來州、渾塗爾州、拉英州、三州代議士之梅純氏。氏蓋於此時而始出現矣。氏大爲我黨盡力。迄於今日。（即一千八百八十三年二月。）氏之保護該議案。未曾一日或捨。我黨旣得此等人之扶助。自必再圖挽回我婦人社會之勢力。雖然。迄於今日。而於國會議場之上。尚未見有能恢復我黨勢力之好機會也。不亦難哉。雖然。精神所到。何事不成。勉勵而不屈撓。則妾敢信我黨之所期望者。必能有成也。

妾方執筆記此數行之時。而適見倫敦新聞紙。揭有關係妾等婦人社會之一書。其書乃是拿爾司誇君。致呵爾立夫人者。妾卽投筆而讀之。其書曰。於此次之國會。我必力請會中。將應與婦人以參政權之方法。從速議定。苟爲略有家產。而能稍納租稅之婦人。我必令彼等皆列入。應有參政權之數中。書辭如此。夫我婦人社會於參政權。圖之既如是盡力。而於下議院中。則更有改進黨保守黨兩黨黨員多數之贊成。故妾敢豫言。我婦人無參政權之法律。必能從此次國會之議案中。而卽行取除改正。斯則實爲我婦人社會所深願而切望者矣。

福式德夫人小傳

福式德夫人。爲額立氏之女。一千八百四十七年。生於溼爾火華爾克州。一千八百六十七年。嫁於英黎花飾氏。當時花飾氏爲排意呑州之代議士。旣而更爲拍克呢州之代議士。兼爲英國國家之驛遞總官。又任客摩蒲立旗大學校經濟學科之教官。其後氏雖失明。而猶讀書不輟。夫人亦得因之而通經濟學。一千八百七十年。夫人著經濟學初步。其後越二三年。更著經濟談。及經濟小說。其他若花飾氏政治與經濟之諸種著作。亦皆依夫人之力而成。夫人旣爲貴夫人中之傑出。而且平生最主張女權。屢屢於英國及愛蘭土之都府。開會演說。其於英國婦人社會。實爲大有力之人矣。

（二）英國女子於教育權上活動自助之概況

英國頟雷夫人述

妾今將就我國婦人社會。於教育一事上。既已經歷之事蹟。而有所綴述。則可先以一語為讀者諸君告曰。此事也。其起因甚近。而其進步甚速。凡關於我國國家之大事。從未有如吾婦人社會。於教育一事上之進步迅速者也。僅歷人間之一生涯。而遽駸駸然發達。遂已得十二分之好結果。可謂幸矣。夫吾國當四十年以前。教育問題。全然未顯。男子教育。且未發達。遑論女子。尋至二十年以前。則就社會之大概情形而論。漸知教育問題。一時輿論。皆謂教育乃國家之基礎。然當斯時男童與女童之間。其教育法。絕無毫厘之異。蓋宗教上之教訓。實爲當時教育法之基礎。世人莫不認以爲必要而不可缺。至於使人性情能力發達之方法。則無復顧及之者。如推知眞理之教育法。勿論女子。雖男子亦不得受也。且當時之教育法。於貴賤貧富。亦毫無差異。彼任教育之事者。若對於男子。則但知當令其後來能得適當之生計。若對於女子。則并此意而無之。夫有如今日。則我國駸駸乎進於文明之域。而於貴賤貧富之間。其教育之法。乃頗有差異。彼貴顯紳士家或豪富家之子弟。則由普通學校而入大學校。受高等之教育。若貧賤家之子弟。則爲設必用之學科。相當之學程。令子弟學之。得豫備後來營業適用之學藝。獨至吾婦人社會。則姑不暇論在當時不能執各種之職業。而其知識既淺。學級愈低。故欲受教育也亦甚難。在今日不及小學校之學課。而在當時乃尙須豫備後方能教授。以此之故。當時衆人之意。不但彼等男子社會。皆以女子入學校爲無用。卽我等女子社會。亦皆以爲教育女子之法。不如沿襲故態。若令其受與男子相近之教育法。則實爲反於女子別具之固有性。嗚呼。當時吾國女子。其於教育之事。不幸而蒙汚名及障害也蓋如此。

謂我國中等以上之婦女。當與以完全之教育。公然主張此事之人。蓋以當日倫敦硜額師學校（硜額師乃王之意此是男子學校）之教師馬立司氏爲始。氏之始創此論。實在一千八百四十二年也。氏平日不但最能愛惜己所教育之男生徒。而且最愛惜各生徒之姊妹。遂與今日爲大藩隣大僧正之方施倫欵僧。及其他同志數人。相與規畫。而創設一硜師女學校。(硜師乃女王之意)其最初設校之目的。專在養成女教師。旣而漸漸擴充。乃不拘於女教師之資格。苟有志就學者。皆得自由入校。當其初創之時。規畫旣定。遂延名教師甚多。而於一千八百四十八年五月一日。在呵爾利拿街開校。及一千八百五十三年。受免許狀於帝室。遂爲一公然之女學校。其後日增月盛。規模益宏。蓋在當時。凡民間設立一社會。一學校。非得國會之許可。或帝室之免許狀。則不能公然募集會員及生徒。故自此校得有免許狀。而後英國女子教育。乃得與男子教育相比。不但於名譽之點。無所重輕。且於資格之上。同爲重要矣。而於此女學校內。更別設夜學科。教授數學、地理學、羅甸語學、歷史學、心理學、神學、及道義學等。凡女教師最所應用之學科。大概完備。蓋夜學科。仍專以造就女教師爲目的也。

磋師女學校設置之明年。卽一千八百四十九年。又有拍多亞爾篤女學校之設。其學科與磋師女學校大致無異。

自此以後。暫無可記之事。越十有七年。而又見一層進步。進步云何。則揩摩婆立奇大學校。是年於試驗該地方各學校男子學力之際。特將女子加入。一幷試驗。許女子與男子互競其學力。所謂又見一層進步者。此事是也。此次試驗。蓋將諸少年別爲大小二等。大者自十六歲以下。小者自十四歲以下。大學試驗官。爲之監臨。抑此試驗者。其初係畫克蘇華爾徒大學校之所判定。今尋其目的。則欲將地方就學之少年。依此試驗法。以檢定其學力。而漸次將其教育法改良。而所以於女子。亦許一幷行此試驗法者。今尋其目的。則欲依此試驗。而監察各地之女學校。所施與各女子之教育。究爲可否。蓋先是於教育法上。女學校比男學校。更多一層不滿意處。雖最下等之男學校。亦爲大學校及高等學校之餘勢所被。因而恒有所改良。獨至女學校。則與彼大學校及高等學校。全無關係。是以其教育之進步。大不相同。故各地之女子學校。亟欲得女子與男子一幷試驗。同受大學校之權衡與風化。以恢擴其進步。最首唱此議者。爲台維司女士也。一千八百六十二年。因欲達此目的。而特開委員會。選舉台維司女士爲名譽書記。一千八百六十四年。台維司女士。呈願書於揩摩婆立奇大學校之委員總會。及評定官。此願書。諸貴夫人。與執公務之諸貴紳。凡一千人。及以改良教育自任之諸君。皆列名。又頗得其他有勢力者。暗中扶助。因而揩摩婆立奇大學校。遂將此請願書許可。而於此一千八百六十五年。試驗揩摩婆立奇地方少年之際。女子亦加入矣。其後不久。而屋克蘇亞爾徒大學校。亦將女生徒加入於男生徒中。而一并試驗。於是乎吾國女子。自經加入於地方學校之試驗中。而女子及第者之數日增。而女子教育法之改良甚速。

自女子加入於地方學校之試驗中。而受大學校試驗以來。

於婦人教育上之活動。雖爲加一層進步。然仍未可云完全。尙覺較劣於男子之教育法。以故主張女子教育之各新聞雜誌。爭相評論其缺點。而熱心勉力以主張改良進步之諸君子。亟欲將其缺點改去。因此之故。愈設爲種種之協會。傳播於英蘭蘇蘭愛蘭之三州。卽吾英吉利全國。凡各都府。到處無不見有以改良女子教育爲目的之協會。講筵畫靜。而桃昏快談。文壇春暖。而鶯喉徐論。迄於今日。回念前時。轉令人戀戀於如斯之盛况也。

經此等協會論究之下。其目的皆欲令女子所修之學課。與男子所修之學課。自小學以至於大學。各級莫不同等。於是各女學校之教育法。皆定爲初則學習諸國之歷史。及文學之初步。繼而循序漸進。登其堂。入其室。終則進而與大學校男學生。受同一之課程。雖然。一時之間。不能及男子教育法之處尚多。因而彼富於判斷力。剛勇不缺撓。而能執持一定目的之台維司女士。愈亟欲改良。以彌縫其缺點。而使成最完全之女學。遂廣募有志者。而設立一女大學校。此實爲一千八百六十九年十月之事也。此女學校之一切課程規律。均與揩摩婆立奇男大學校之組織相同。其教師即從揩摩婆立奇大學校聘請者也。此校之初。僅租一小屋而開校。以其課程之級度甚高。故入學之女子甚少。爾時蓋僅有生徒五人。其後至一千八百七十三年。乃集合捐助金。而築新舍於揩摩婆立奇大學校左近之瓦爾吞地方。即名此校爲瓦爾呑學校。校舍既遷之後。生徒日漸增加。至今日。則其數已至五十八人之多。

是時繼瓦爾呑而更起一校。此校則專爲當時頗有學力之女子。然尙不足以入瓦爾呑女大學校者而設。蓋卽瓦爾呑女大學校之豫備學校也。其敎師卽從揩摩婆立奇大學校聘請。其組織及敎授法。最爲斟酌盡善。且專爲女子他日入大學校之階梯。而先與以極適當之敎育。故此校既設以後。女生徒陸續而來。曾未幾時。爲數已甚衆。又是時務欲令女子敎育。日趨於高尙。故有志者。謀於揩摩婆立奇地方。設一學會。學會既設。各地方之來會者甚衆。以其員數有加無已。一學會不能支應。而更謀建設原河館學會矣。尋此學會所主之目的。則專爲將應揩摩婆立奇地方高等試驗之女生徒計。而先教育之。令得爲豫備功夫。雖然。在來會之生徒。則皆欲更修愈加高尙之學課。屢屢向幹事請願。故於一千八百八十年。遂將原河館學會。合併於揩摩婆立奇學會。而於原河館。更創立一女子大學校。其館舍之建築。甚爲華麗。而學課亦愈加高尙。此校之創設者。則爲黑克羅女士。至今尙不倦不怠。而大爲此校盡力焉。此女學校。迄於今日。已臻極盛之境。全賴此女士之力也。瓦爾吞學會及原河學會之二女學校。並肩而立。英材濟濟。亦復極一時之盛。時稱爲女學窠。蓋凡欲應揩摩婆立奇大學校名譽試驗之諸女生。皆萃於此二校故也。而與此二女學校同時建設者。則更有大蒲隣地方之克生徒拉女子大學校。及枯意來司女學社會之學校。此二女學校。名譽亦甚隆。生徒亦甚多。故與瓦爾吞及原河之二女學校。大試其競爭之力矣。

如右所陳之各女子學校。及其他各學會。皆但藉熱心有志者之助力以成立。初非依地方社會之結合力而建設者也。因此之故。而妾更欲以大英國女子活潑與熱心之力量。而成一卓然之大結合體。俾女子教育。益益活動。而達於隆盛。乃於一千八百七十二年六月。揭此事於沙冊款華蒲阿喀之集會場。又於妾所著之教育論中。備載此事。其後妾所揭之論。大爲阿喀會所贊成。因而於是年十月。在黎池地方社會學協會中。新組織一英國女子教育改良會。其後改爲婦人教育同盟會。是年之十一月。將於倫敦行開會祝賀式。因舉立脫爾吞公爲會長。而先設一大懇親會。藉公之盡力。而又得羅倫公爵之夫人羅意司殿下。允爲同盟會之會長。而司亮秃倫都、倭意羅倫都、之貴夫人學士中。爲此會之委員者亦不少。妾略記同盟會之目的於此。以供讀者諸君參考。

第一條。本協會之會員。皆主張婦人教育之改良。及謀本會會員共結親密之交際。

第二條。本協會中。擬發行一種雜誌。其辦法。則當聚集凡關於教育之一切報告而選綴之。凡在本會會員。各閱一份。以便詳知關於教育之一切事務。

第三條。本協會中。擬設一善良之女學校。其辦法。則於下中上等之各社會。無所區別。於各人之年齡。亦無制限。凡我婦人女子。皆得自由入校。以獎勵婦女向學之志。

第四條。本協會擬補助扶持各種之女子學校。其辦法。則於各種學校中。凡屬因教育女子而設之各學校。不論其學級之高下。本協會皆當扶持補助。上自女子高等學校。下及女子夜學校。本協會皆扶持而補助之。

第五條。本協會擬養成高等尋常各級之女教師。凡有志於教育之事。而研究修業者。本協會當扶助其向學之事。且定期試驗之。而登諸報告。

第六條。本協會擬設法喚起世人之心。使知全國社會之女子。皆須受適當之教育。因使共同注意於女子教育之事。而推廣普及之。其辦法。則致力於輸貫集會分報演說等事。

此等之目的。迄今不過越十一年。而確然可謂胥得成遂。亦云幸矣。抑吾國人民。舊時所習慣之風俗。則頗不喜共同一致。而却好爲自守獨立。以故始則因各欲達其目的。而互相固執。遂以爲不必多數人共同一致。而不憚支分派別。乃卒至於各不能達其目的而止。如此之事。在其他協會。或不免有之。而獨至於我輩之婦人教育同盟會。則絕無此等流弊。互相結合。極爲密切。互相交通。而甚覺親愛。所以安然而得達其目的。此則誠不可謂非因前日之經營得當。而克奏厥效矣。乃至於今日。而此同盟會。不但不進步。且稍有退步之色。抑何歟。行百里者半於九十。聊一休息。亦理勢所當然歟。然而勉於前者。焉得不奮於後。妾更望凡我同盟會之諸君子。鼓勵其力。而向前愈進也。

婦人教育同盟會之功勞有二。其一。則設立女子教育會。又其一。則設立女教師養成會。此二事最爲重要。於我國女子教育史。女子進化史上。蓋可大書而特書矣。妾故就此二事而更有所綴述如左。

讀者諸君。亦知今此之時。吾全英國中女學校林立。其源何自而來乎。蓋專藉前此婦人教育同盟會諸君。主張女子教育。盡心竭力。規畫得宜。故能有此成績也。其初。因女子小學校教育。未能普及。女子高等學校教育。未能完備。吾同盟會中央委員。亟謀補全此欠點。因先設種種之方法。以蒐集資本金。漸見充給。乃於一千八百七十二年十一月。在塞爾希地方。開設一特爾赫摩館。其結果。頗足以償委員之勞力。其補全女子教育之欠點。實非鮮少。自彼初設之時。凡經歷十年。而至於今日。其所推廣創設之高等女學校。每校能容四千餘人。每人每年僅收金十五鎊之學費。而與以最相應之教育。如此者。於倫敦及其他諸州。共凡設立二十四所。此特爲其最大者耳。而同盟會之功。猶不止此。會中更到處設立尋常女學校。以期女子教育之普及。今已達最多之數。更經數年以後。妾可料苟有人口之處。必有同盟會所設之尋常女學校矣。

且夫婦人教育同盟會。既逐漸設置此等有益之學校。從此以後。自愈當注意於養成女教師。然而妾觀今日熱心於女子教育之人。更不注意於此。何歟。夫今初等學校之教師。雖已養成。頗足於用。而高等學校之教師。則甚缺乏。何以更無人鄭重其事。注意而養成之者乎。夫今但憑大學校之卒業生。以其所學得之學力。教導生徒。而至於教授法之如何。則人絕不顧及。推原其故。因彼大學校卒業生者。自以爲學業甚高。不屑更降格以研究學校教授法等之學業。以故無人提倡。而今日不能開養成高等學校女教師之風。而同盟會。

其始推擴女學校之方法。則不然。首重養成女教師。故於一千八百七十六年。遣人徧遊歐洲各國。探究女教師養成之方法。遂組織女教師養成會。而至於一千八百七十八年。遂設置中上等女子師範學校。蓋吾英女子師範學校之設。實始於此。

妾今當更進一步。陳論我英女子教育之進化。益益增勢。遂得侵入於大學範圍之內。而後我英於教育一事上。男女爲全然平等矣。讀者諸君觀此。則足知我英女子教育最近之歷史。及其結果也。

一千八百七十六年。倫敦大學校委員會。建議曰。當許女子與男子同受大學校醫學部之試驗。如此决論。而提出於倫敦大學校總會。大學校總會覆議曰。女子不與男子同受大學校各部之試驗。而獨於醫學部同受試驗。則於事理不相當。故此項建議。不能許可。委員會乃更追改其議曰。大學校各部。當許女子與男子。皆得同受試驗。惟欲應何科之試驗。聽其自由選擇。於是更經總會覆議。而定爲投票公決。贊成者二百四十一人。反對者一百三十二人。遂於一千八百七十八年一月十五日。而此案可決。此實可爲吾英國女子最足記念之一日。我輩女子。斯須不忍忘之於胸中者也。

自此以後。迄於一千八百八十二年一月。而我輩女子教育之勢力。又進一步。其進步爲何。則女學士。亦得與於倫敦大學校總會議之席。而享有投票之權利。於此權利之中。蓋含有選舉代表倫敦大學校之國會議員之特權。蓋我英國各大學校之於國會。各從其校中而選出代議士。以各自爲其代表者。今女學士。雖亦得與於會議之席。而惟此項特權仍未許付與。除此以外。所有一切學務之會議。則女學士皆得與會投票。與男學士平等。於是我英國女子。於教育之一點。男女乃無纖毫區別。此實爲至可欣賀之事也。

倫敦大學校。何以能遽許女學士。亦得預於會議之席也。蓋以倫敦大學校者。創立甚近。其所定之規則。不存舊套。故令女子與男子。享同等權利之事。亦能大膽決行。然則此猶不足爲奇。而其後二年。喀摩蒲立奇之古大學校。乃援倫敦大學之前例。亦許女子與男子。同受該大學校之名譽試驗。則又何以故。此蓋以該大學校。於距今十一年前。卽一千八百七十三年。已默許瓦爾吞及尼溫赫摩之二女學校。得同受該大學校之名譽試驗。迄於此時。乃更確定。且表明之。喀摩蒲立奇古大學校。雖奮勉而行改良之法。然至於男女平等之點。一時尙未能及倫敦大學校。蓋該大學校之於女子。僅許其應名譽試驗而已。仍不許其於該大學校總會議之際。享有投票之權利也。雖然。妾料其不日卽當脫盡舊習。而與倫敦大學校。競其光榮。夫既曰改良矣。豈得中道而止。況如彼屋苛亞爾特大學校者。其旨趣。與倫敦大學校、及喀摩蒲立奇大學校、絕然相異。然且今亦將仿照二校之成例。而許女子與男子同應彼校之名譽試驗。至若特爾黑摩大學校。則因聞喀摩蒲立奇大學校。許女子與男子同受名譽試驗。故其後數月。遂亦改定其法。而許女子與男子同受該校之試驗。及第者與男子同贈（愛司譯音下同）學位。又如純德恩特盧大學校。則固已先倫敦大學校。而以愛司學位。贈與受試驗之女子矣。

如右所記之事。實爲我英女子教育進步最近之景況。我英女子所斯須不忘於胸中者。蓋如此。

妾今序述我英女子教育進步之歷史。行將終篇。爰舉一物。以爲我英女子教育進步最速之證據。此物乃彼仗義者。因欲擴張女子教育。而捐贈之物也。其物爲何。則即賽爾蘭峯近傍。今方建築之女大學校是也。此學校。則爲花爾羅愛氏所捐建。而藉以爲其母之記念物者也。但計其建築費。則已共有英金二百三十萬鎊。(約合中國一千五百萬兩)此外則地價及長年經費。更數倍之。此學校之宗旨。將招集飽學之女生徒五百人。更與以最高等之教育。其規模壯大華麗。誠爲古今之所罕有。期於一千八百九十三年竣功。今則花爾羅愛氏。自任經營之役。竣功之後。將訂委託之條約。而擇人以統御之也。翼兮翬兮。此學校兮。畫棟朝飛南浦雲。珠簾暮捲西山雨。彼名高之五百女學士。群萃其中。曉夜致力於學藝。名望永與茲校相偕。以垂諸不朽。豈不大可豔羨也歟。

妾撰茲文。依次序述。迄於結尾。乃深快今日之成就。回念當時之經營。而不得不驚進步之神速。嗚呼。今日我英女子社會。既享有教育上之特權矣。自昔彼男子社會。用頑固之鐵鎖。而牢扃吾女子社會知識之門扉。今日則已將其門扉開通。而自由行走矣。妾更望全地球上。凡我女子社會。皆開通其知識之門扉。而自由行走也。

額雷夫人小傳

額雷夫人。爲水師提督希爾立支氏之第二女。一千八百十六年三月七日生。四十一年正月。嫁於表兄額雷氏。因冒其姓。七十二年。爲女子教育協會之名譽書記。蓋此協會。實爲夫人所創立者也。夫人所著關於女子教育之書最多。不遑枚舉。其尤著者。一名情與理。一名情愛之犧牲。

(三)英國女子於職業權上活動自助之概況

英國蒲溪威立德女士述

吾英國有名之詩家飛特氏。於一千八百四十五年將死時。著「襯衣之歌。」字字怵心。語語悲壯。以泣訴倫敦裁縫女可憐之情狀。自此歌公世以後。大觸慈善家無限之感情。遂延而浸漬於全國。凡新聞紙演說壇上。飛辯騁詞。形之於筆舌者。僉曰彼女子社會之苦況。如是其甚。不可不亟爲之救助。而慈善家更於各市各府。亟籌實施救助之法。自不待言矣。

斯時不但下等女子社會中。其苦況如此。而上等女子社會中素受教育之人。亦有貧不聊生。大可憐憫者。更足以觸起衆人之感情。則如彼女教師社會是也。當時女教師社會。全陷於困窮之狀況。就中尤困窮。而無策可逃。束手待斃者。則更莫如老衰之女教師。其慘狀眞不堪述。是以慈善家秉救濟女教師之目的。而設爲一會。名曰救濟女教師之慈善會。專爲女教師施設種種救助之法。於老衰之女教師二百四十三人。則更特別與以多額之養老金。以救其貧苦。此會創始於一千八百四十一年。始則因組織不完善。未見十分發達。越二年。大加改良。乃能逐漸擴充而見發達。從此以後。益加整頓。至於今日。則倫敦最大之施濟社。當推此社矣。

我國人民見女教師裁縫女等失職貧困之情形。焦眉思救。由是設立女子美術學校於葛羅街。募集女子之困窮者。而導以新職業。每年更於此校中開展覽會。陳列校中女生徒所製作之諸品物。以便世人之觀覽。至今尚繼續而行之。然此校雖有進步。尚未達於全盛之域。更有望於將來也。

成蹟最著者。莫如婦人爲電信技手一事。此事爲利楷羅特氏所發起。其事之始末。載於一千八百五十九年發行之英國婦人日報。今節錄之。以供讀者諸君一覽。其文曰。

六年前萬國電信會社之社長利楷羅特氏。見鐵道停車場小工中。有一少女。爲養父起見。從事於電信技術。三年之間。一日不怠。其精熟巧妙。迥非男子所能及。遂大悟婦人之於此事。必能勝任愉快。而勝於男子。因思即電信會社中高等之職業。如書記等事。女子當之。亦必能勝任愉快。而勝於男子。因而即欲漸次擢用之。遂將此議提出於會社之委員總會。頗得主會者槐意路特氏之熱心贊助。雖然。創行之舉。不免有種種困阻。因議先將男女共同試驗。以辨別其果孰適於技手之職。若女子果適於技手。然後再議書記之事。及試驗。則女子占優等。遂得任技手之職。迄於今一千八百五十九年。則僅富羅德電信局一局之中。使用年少女子爲技手者。已有九十餘名之多。然則可知於實地使用器械之事。婦人實優於男子。而無疑矣。電報會社諸委員。擢用婦女。既得此美結果。益知婦女之注意力及技術。遠優於男子。而愈信任使用之。故婦女營此職業者。更日見其衆矣。

以上所節錄者。皆爲英國婦人日報之文。自此以後。電信會社之擢用女子爲技手。日有進步。至一千八百七十年。吾國政府。收買全國之電信。而改爲國有。令電信公司各員役。兼任驛遞局事務。而電信局技手之長司加達馬羅氏。最喜任用女子。故任電局技手之女子。不但皆得兼任驛遞局事務。且更大增其數。若倫敦之電信驛遞兩局。則事務更繁。而女子任電信技手及郵便局計數之職者。功效更著。故更特別增加其數。從此電信技手及郵政局計數之職。爲女子社會所有矣。女子執平常之職務。其結果既美好如此。司加達馬羅氏。乃與氣通因特氏相謀。欲試令已受高等教育之婦人。執電信驛遞局中上等之職務。卽書吏等事。遂更行試驗。而選用青年女子爲電信局之計算者。驛遞局之檢理者。皆極能勝任愉快。當時驛地總管花盔得氏曰。今後驛遞上諸事務。悉令婦女執行。最爲得宜。其褒獎之也如此。故迄於今日。婦女之執業務於驛遞局。而受年俸三百鎊至六十五鎊者。共已有三百三十七人。

以上所序述者。自一千八百五十三年。利楷羅特氏創電信會社中可擢用婦人之說爲始。迄今日婦人概得任電信驛遞二局中上等書吏之職務爲止。固婦女職業上進化之一端也。妾今當更試回溯一千八百五十五年之頃。而序述救濟貧苦婦人。與以新職業之事。俾讀者更得以考見當日之情形焉。

一千八百五十五年。有題爲「女子及其職業」之一小册子行世。爲今日薄特康夫人連司迷司所著者也。此小册子大動世人之聽聞。是年又有「英國女子雜誌」發行。且於其社內。設女子讀書室。以便女子相聚。而縱覽羣籍及諸雜誌。吾女子社會近來各種之進步。推其原因。無不發生於此區區一小社之讀書室。今則此處乃爲一小商店。尋其舊觀。渺不可得。瞬成疇昔。能無悵然歟。於一千八百五十九年四月出版之唵芹薄羅雜誌中。載有一論。題曰「婦人當與以新職業。」妾因讀此論文。大有所感。而欲設一會社以達其目的。先是妾因英國女子雜誌社內書記勃克司女史之介紹。遂得入其讀書室讀書。乃與詩家普洛德羅女史。結爲知己。普女史大助妾之企圖。普女史在倫敦。交際極廣。勢力亦甚強。妾既藉女史之周旋。因而遂得多人之贊助。乃於一千八百五十九年。果得設立一會社。而導女子以新職業矣。未幾。英國婦人雜誌社。亦移併於此。而社會學協會。亦大有助力。蓋以熱心於女子社會之海施卿額氏。爲其書記故也。且也。當時此會社。更有聲名赫赫之卑理侯爲之社長。此外委員凡二十二人。亦皆一時之彥。故頗覺繁盛。妾等初注目之職業。則爲活版業。選小女五人。使從事於私立之活版會社。活版之業。凡分二事。一爲印刷。一爲排字。印刷之業。其結果不甚美善。唯排字之業。確有成效。今各處活版社。多用婦女排字。固已爲婦人之常業。試觀一千八百七十一年之統計表。婦人以活版爲業者。已有七百四十一人之多。而將來人數。更當增加。蓋亦無疑。

妾等之女子新職業社會。又欲授小女以商家書記及會計之職業。而先教以此等職業適當之學術。然而此事甚爲困難。非一朝一夕所能訓練而成就。初則以漸而教小女二人。雖學術將次有成。而欲求使用之者。則不可得。遂不及待時機之至。而執他業以去。其後雖欲使用之者頗有矣。而無奈能應其聘者。已改就他業。遂無可應。好機會又錯過。於是吾女子新職業會社之書記。金鵝女史、及李文女史、執持堅忍不拔之志氣。更教成小女數人。且與以相當之地位。於是成效乃著。迄於今日。而彼等曾受教育之小女子。世人用以爲書記及會計。皆覺最爲便利。用者日見其多。試觀一千八百六十一年至七十一年之統計表。而大可見。六十一年。女子爲商家之書記及會計者。僅四百零四人。七十一年。則驟增至一千七百五十五人。以迄今日。猶日見增加。且人或敎自己之女兒姪女以計算法簿記法等。待其熟練。卽使執行己家之事務。或訪求他家之小女。雇入己家。而敎以書算簿記之法。以備使用。此項職業。蓋又確可爲我女子社會棲息之一區域矣。我女子新職業會社。旣著成效。於是乎此外各種敎養女子之會社。亦頗繼起。而爭與婦人以新職業。爲數甚多。其間經營施設。成敗利鈍之蹟。更僕難數。茲因限於篇幅。故從簡畧。讀者隅反焉可也。

一千八百六十九年。我女皇帝陛下。特下詔以獎厲女子之操新職業者。且保護各種教導婦女以新職業之會社。而同時日耳曼之公子。及羅意司之公子。及倫敦衆多之貴公爵夫人。皆獎厲保護之。此誠可感謝慶幸之事也。

木版彫刻術者。當時我英人以爲不易學。絕無人學之者。故吾國新聞紙及書籍中插入之美麗圖畫。皆成於外人之手。三年以前。倫敦雜誌社。設木版彫刻學校於克寧通公園之旁。男女並得入學。然男子入學者僅數人。而女子入學者有十二人。此術須五年卒業。卒業之後。每星期至少可得俸金一鎊。此學校之女生徒。今雖尚未卒業。而已頗能獲利矣。其後美術社會。又設木具彫刻學校於惡羅勃脫化路。聘意大利女教師教授。此校中更令女生徒學習陶器畫。今女生徒中能精熟其技者。已頗不少。嘗有一幼女語妾曰。「妾今者每一小時。至少可得九辨士之俸金。」其技術之巧妙。可想而知矣。一千八百七十一年。臘姆盤司燒壺場。試用女生徒一人。後因其較男子更覺便利。故迄於今日。（即一千八百八十二年。）此燒壺場雇用之女子。已有二百餘人。

我英貴女子社會中。亦頗有困窮之慮。一千八百七十一年。惠羅皮氏設一小舍於司龍街。以造裝飾物之業。教導貴女子社會中之困窮者。始則大困難。經費幾不支。幸得吾女皇陛下之獎厲。及哥立司氣阿連貴公子。愛立藥蘭亞爾花時貴女士。更有多數之貴夫人等。亦竭力贊助。乃終得成功。築新校舍於沙司克心臥東之地。其工作之宏壯美麗。世人皆知。無庸更贅。貴女子社會。由是得適當之職業。迄今營此業者。其數日加。每日勞力約八小時間。獲資頗豐裕也。

我女子新職業會社所教導之各種新職業。其數甚多。茲試揭載前年之婦人職業統計表如左。

（職業）	（一千八百六十一年）	（一千八百七十一年）
公務	一、九三一八	三、〇一四八
筆記者	二一	五一
畫工及美術	八五三	一〇六九
照相	一六八	六九四
商家書記及會計	四〇四	一七五五

販賣物品	一〇五五	一七二二
綢緞商及帮辦	一一九九三	一九一一二
商店小使	四五〇二	八三三三
徒弟奉公女	一八五	七四三
文具商（如書筆墨紙之類）	一七五二	三〇〇四
書店及出版者	九五二	一〇七七
印刷者	四一九	七四一
剃頭及裝假髮	五〇一	一二四〇
鑄金商	七四	二三四

人有問於妾者曰。「此等職業。果足以救婦人社會之困窮乎。」妾答之曰。救濟下等社會困窮女子之方法。則此等職

業已足。若上等社會女子之困窮者。如女教師及貴女子之類。則救濟之法。尚有待於他籌也。蓋貧窮之貴女子。其於新職業之部分中。適當而能執之業既不多。且當時愛爾蘭因政治上有騷擾之事。貴女子因貧窮而覓業自活者。驟增其數。甚至愛爾蘭之寡婦戶主。亦因騷擾之故。而不能收其所有地之地租。貧困無聊。亦出而覓業。或傭工於製造廠。或執他職業以資餬口。其中有教導兒童之才者。皆爲女教師。於是教師愈多。束脩愈薄。其他業務。需用供給。亦失其平。而覓業艱難。價格下落。遂使貧窮貴女子社會之前途。益覺茫昧而無可恃。故不得不亟籌別策也。今者。貴女子輩。議創立備災公會。於平居之時。教導會員以相當之職業。所以預備遭逢災害之日。可藉素習之職業以營生。妾深望此公會日益盛大。使吾國女子雖不幸而陷於逆境者。亦可不求助於他人。而能獨立自存也。

距今二十五年以前。如彼裁縫女。固最足以令世人酸鼻矣。而其次最可憐之女子。即莫如客店之傭婢。彼因須待客晚餐。故不能終夜就睡。且雖休息日。亦不得自由舒散。誠足憫矣。今則客店雇用僕婢。有一定之規則。自夜十時至朝六時。可自由就睡。休息日午後。則傭者與傭者交替。而得互營一己之私事或遊散也。

或問曰。英國婦女。因何而得自由執業。則妾必答之曰。一則因我英國之女子社會。於種種之新職業。有操執之材能。一則因勞力家移居於外國者日多。勞力家之移居於外國。實於女子社會有最大之幸福。不啻將女子社會并移而往。蓋勞力家移居於外國。卽吾國內之勞力者缺乏。故於婦人社會之職業上。利益不少。而彼移居之勞力家。與其在本國終日勤動。僅得薄給。何如航渡外國。以最少之勞。而獲最多之利。是誠可謂彼此兩益。殖民政策。亦大有關係於我女子社會之職業蓋如此。

蒲溪威立德女士小傳

蒲溪威立德女士。以之千八百二十五年。生於英國林克羅郡之惠利耶姆地方。女士姿性頴敏。任俠尙義。敦重氣節。遇有窮困不能自存者。奔救唯恐不及。富有學識。所著有「女子自助論」「法國婦人之情形」等書。當時皆膾炙人口云。

意大利國

女子社會活動自助之概況

意國羅奈夫人述

吾意大利國之女權論。非自近代始。亦非模範英美諸國而起。吾國女子。抱負此卓見。先於他國矣。故今日法律或新聞雜誌中。苟猶有妄以爲吾意大利國之女子。無知識而可蔑視。則我輩女子。必與之竭力抵抗。毫不假借也。茲試遠溯古代。推尋我意大利國女子活動進化之原因。則可考定爲自惡葛司他帝之時代。而女權始發生。蓋當時政府。大保護婦人之權利。而於結婚之法律。尤爲改良。如彼可洛特阿司及梢尼克馬司及血愛來司等之諸名人。凡屬對於女子而設施之善良政令。莫不竭力贊助。既而更得舍華獨拉皇后之相助。而頒定最有名最公平之法典。蓋此法典。最能保護女子。而專滅殺男子干涉壓制之權者也。

今試更徵之於事實。昔者羅馬之評定官。嘗欲徵女子以苛酷之戰稅。當時羅馬之貴婦人。已皆能與之力爭。而名人花爾吞孃之弱女霍天香者。以三寸舌。辯去萬金之苛稅。由此觀之。可知我意大利國女子社會。在當時已有活動進化之精神發生興起。決非從英美各國而輸入。蓋足證也。

世界女權發達史

自此以後。我意大利國之女子。文化大進。以文章詩賦壓過男子者頗多。及十四世紀。則有塞立羅克醫學校。名重一時。主校者爲女醫士亞勃爾。以醫術鳴。十五世記。則有勃西、及獨納、及各洛奈、及他姆拍羅等、女博物學士。而此後遂有千古獨步之名女士阿克南出。且更有心理學兼數理學博士、又最以美麗著名之翁特利女士繼起。同時更有名滿日耳曼之麥氣南女士。此數女士。皆主張吾國婦人社會權利之大豪傑。此外名女士接踵而起。不遑悉數。至於近代。吾國人胸中皆知女子敎育之必不可少。而凡我輩女子。苟負學識。能文章者。或爲演說家。或爲新聞記者。馳名聲於世界者。項背相踵。大聳世人之耳目。其中倍加里夫人在威尼司地方發行之某新報。迄於今日。尙在花爾額里地方繼續發行。而昔者此報詳載當時女子之情況。載筆者衣施脫里阿女士、及其他法學士等數女士、妙極一時之選。皆高材特達之名媛也。

我政府爲時勢所迫。不得不稍稍保護婦人之權利。故於一千八百六十六年。布告一令曰。「寡婦及夫外出而婦主持其家事者。許得擔任管理其子女之權。凡既婚之婦。隨其所遭逢之境地。而許得擔任其財產所有之權。」此令既出。羅馬法與中最固陋之條欵。使我輩婦人落於最下等地位之惡政。由是乎得稍稍而洗滌之矣。一千八百六十七年。國會之一議員。提出一議案曰。「凡都府州郡之事。當幷與婦人以投票之權。」其後一千八百八十二年。再提出於國會。妄意我輩女權。漸次發達。彼國會於此項議案。不久終當討議及之矣。

我意國之婦人專門學。則孟笛額宅女士。最爲出力提創及保護。此女士於彌冷地方開設一婦人專門學校。此校之設。大受公爵夫人阿歷塞特利挨、及來威澤、二貴女之助力。蓋彼等貴女之意見。以爲專門學或職業上之教育。於婦人社會。則尤爲必用而不可少。此說既創。而大得有名望有權勢人之贊成佐助。就中電信局管理長某君。尤爲切實主張。力排非難之衆議。而遂聘用婦人爲電報技手。其後則政府又欲令我輩婦人社會。開闢農業之新路。故於一千八百七十八年。命妾前赴法國。考察其農學校之情形。并令將其他種種之見聞。詳爲報告。而尚有比此更進一層之事。則一千八百七十一年。於法國巴黎京城。開萬國婦人權利問題之會議。吾政府派莫俗尼女史秉使節而往。與於此議。此舉也。於萬國婦人社會之歷史上。固當大書特書而記之者已。夫當日者。吾國之名人傑士。於我輩女子之權利與教育。互相提倡。而盡力擴張者。不遑枚舉。妾於此頗欲詳記當時熱心家所盡力而成之雜誌書册及學校等之實情。以証我國婦人社會活動進化之精神。盛大無比。而無如此區區之片紙。勢不足以盡載。遂不能不删繁就簡。當夫濡墨涉筆之際。未嘗不因此而多所遺憾焉。

我意國婦人社會之大概情形。畧記於此。今將終篇。更當謹記一人。此人於我意國國會議塲中。最盡力保護我輩婦人社會之權利。且特以此故而大著其盛名者也。其人維何。則爲蘇滑路脫兒毛立羅氏是也。毛立羅氏。實爲吾國婦人社會所當永遠尊敬而弗替之一人。初毛立羅氏著行一書。名曰婦人與專門學之關係。其書則公平無私之精神。流溢於紙上。乃徒以其文章稍涉過激。稱讚之聲卒鮮。然而彼出臨國會議塲。益鼓其勇氣與熱心。竭力主張當保護婦人權利之說。及其晚年。於離婚問題。方欲大有所盡力。而不幸一朝忽焉溘逝。實紀元後一千八百八十年也。全國婦人。同聲痛哭。乃共爲之建立豐碑。以爲紀念。此碑至今屹峙。實足爲我意大利國之勝蹟云。

我意大利國婦人社會之活動進步。其既往之情形蓋如此。而自今以後。日增月盛。猶未有艾。是故迄於今日。我婦人社會之權利。政府以之爲重大問題。然則我意大利國婦人社會之權利。今日雖未達於十分完全之點。而就此銳進之勢以推測之。則達於完全之點。其期當亦不遠矣。

羅奈夫人小傳

羅奈夫人。以一千八百二十年。生於納利勃羅府。天姿豔麗。才能出衆。年甫十五。而卽聞名於當世。尤精音律。善歌曲。鶯喉一囀。令人欹耳神馳。夫人亦最自喜其所能也。及長於學問諸途。大有所悟。於是以綢繆獨到之思。求悱惻相從之偶。不得。則誓終身子。既而得之。爲詩人西米諾。遂以一千八百四十六年下嫁焉。一千八百四十八年。西米諾因與於革命之亂。謫居於遠。夫人從之。一千八百七十二年。沙衣麥額德公主。愛二人之才能。破格擢用。乃得偕歸。愈顯於世。夫人平生所著書。有「奧大利。」「馬懇西米利阿。」「沼澤山脈及洞穴。」「意大利之怠惰。」「社會學問題。」皆稱名著。

法蘭西國

女子社會活動自助之概況

美國他士坦登氏述

夫英國碩儒彌兒氏。嘗於其自傳中記載之曰。當世有最賢明而且最足尊崇之一人。爲法國孔特羅奢篤氏。噫、氏果何如人。蓋當法國革命將起之前。而一再再三以明瞭之辨解。辨明女權之爲何物者也。其就婦人當與以參政權之一事。而下詳確之剖解。則載於其一千七百八十七年出版之書籍中。其謂婦人當與男子保其同一之權利。本此宗旨。而作[illegible]種種之論文。則載於其所著之薄司吞婦人新報中。夫法國之婦人新報。有勢力於法國。猶彼英國之婦人雜誌。有勢力於英國者也。而當時之主張女權者。固亦不惟孔特羅奢篤氏一人而已。又有有名之演說家。而且爲國會之一議員。高僧花綺德其人者。於一千七百九十年。開大演說會於白達司洛耶羅之馬戲場。大張女權論。此時孔特羅奢篤氏亦在聽衆之中云。其後高曾西意暗、司敎長伽司脫、及當時衆多之名人。皆盡力擴張女權。到處開大演說會。而振其暢達誠懇之雄辨。而當時法蘭西之諸新聞紙、及雜誌。其數數百。亦皆熱心於女權論。喋喋囂囂。强聒不已。此等新聞紙及雜誌中之所記載者。頗多孔特羅奢篤氏與脫麥司潘因氏之[illegible]者也。

也。爾時之大張女權。固不僅舌端與筆端而已。是時法國國會。對於婦人社會。亦大能實施擴張女權之事。當時克勃奢立司氏所定之草案。凡婦人既婚。則與其夫必立於同等之地位。此草案中之法律。確與以如此之權利矣。故當時有司論之曰。此項法律。爲從古所未有。當時國會。又注意於小學教育。悉去男女間無理區畫之界限。而使男童與女童。一體受教。

且也。更有可賀者。彼法國婦人社會。皆能黽勉奮厲。營自由。圖進步。不藉他人之助力。而自動以前進也。蓋彼法國之婦人。決非抱卑屈之精神。茫然昧然。悉聽他人之所爲。而自己反如袖手旁觀者然也。是故一千七百八十九年。彼法國居第三等地位勞動社會之婦人輩。奉呈一請願書於法國國王陛下。哀訴婦人社會。於職業上。陷於可悲可歎之境地。而詳叙其情形。是年再奉呈一請願書。謂婦人當與男子得同等之人權及政權。而國會議事。亦當與男子一律得與議。又或因謂女子與男子當得享同等之權利地位。故或有請登講臺而爲說法者矣。蓋婦人而自請爲說法者。在奉加特力宗教之法國。實可稱爲莫重莫大之要求也。而當時法國婦人社會之經營動作。猶不但常爲此等之請願歎訴而已。或則當彌勒勃氏之死去時。而爲大可感歎之演說者有之。或則聞薄露特縣會將被毀壞。而前往救濟者有之。或則當巴黎府被圍。慘苦萬狀之際。而臨陣防禦者有之。或則爲女權布告之記者。因就關於婦人之種種問題。而著夥多之書册者亦有之。此其人之勇氣膽畧學識才能毅力等。皆超越於男子。余輩觀此等婦人之行爲。亦足以推知當時法國婦人社會之氣象矣。

且夫法國重大之事。莫若數回之革命。而每當革命之際。所用檄文等重要條件。往往成於婦人之手。彼爲世界所最傳誦。即却普特麥耳司請願書中之文句曰。路易十六世。無論其爲何等貴族。而自今以後。斷不承認其爲可以即我法國之王位。語調響動。眞可謂幷剪哀梨。此文亦全爲婦人所屬草者也。溪立德女士曰。彼自司溪耳城之暴亂。及盟約之大晏會。皆由婦人所教唆而成。而至於一千七百八十九年之事。是年十月五六日所得之好結果。即路易王從亞耳塞耳而送還於巴里。是役也。亦全依賴婦人之力而成者。是故法國之歷史家某君有言曰。法國之婦人。實爲法國革命之先驅。噫。斯言洵不誣也。

雖然。行百里者半於九十。人類復權之舉。往往難進者易退。

難得而易失。趨勢使然也。如右所述。則必將以爲法國婦人社會之權利。從法國革命初期爲始。許多名高學博者保護之既如彼。而婦人輩自己之活動又如此。則婦人社會之情形。必較諸前此而一變矣。而竟不然。彼首倡革命之輩。徒因欲達自己之目的。利用婦人。故一朝既達其目的。走狗良弓。棄不復顧。首倡革命之輩。當其初。凡遇婦人設立集會場等之事。莫不從旁奬厲。且於彼等自己之徒黨中。苟有婦人投入或聯絡。莫不盡力稱揚。以爲榮耀。及既得達其目的。乃卽廢其集會。且拒其投入。推其對於婦人社會之意志。無異於欲驅而歸諸舊地位而後已。

且也。更有甚者。彼彌勒勃騰羅陪司匹之輩。於彼法國婦人社會之運動。更與之以一大停頓矣。何則。卽此輩者。矯枉過正。直將共和政體。徐徐而仍變爲帝政之恣態。夫帝政者。不但令前日婦人社會之勝夢消散。并且不啻將拿破侖所定刻酷之法律。結附於其粉頸之上矣。於是乎一千七百八十九年法國婦人社會所起之大志望。受一大攻擊。眞可謂彼法國婦人社會一大不幸之事也。

抑拿破侖者。其於婦人社會。實爲一大姦雄。其所抱對於婦人社會之意見。試觀其贈友之書翰而可知矣。其書曰。夫之制馭其妻。必須持無限之權勢。夫對於其妻所當有之權勢如左。卽夫若顧其妻而命令之曰。吾妻。汝不可外出。妻當立應之曰。唯。敬守君命。不敢違。夫若顧其妻而命令之曰。吾妻。

汝不可赴戲場。妻當立應之曰。唯。敬守君命。不敢違。夫若顧其妻而命令之曰。吾妻。汝不可見彼人。妻當立應之曰。唯。敬守君命。不敢違。妻若違背夫言。則夫得任己意而即予之以譴責。帝之言也如此。豈不酷矣乎。

及王位回復之時代。婦人社會。更沈浸於惡臭氣中。試觀其時之哲學者麥秀特勃奈獨氏所言。當日之情形。蓋可知矣。其言曰。男子與女子。原來不同等。若不肯承認。而必强以爲同等。其勢不能。其言眞爲强硬而無理。而當時之政府。則又廢離婚法。且欲與長子以重大之權利。婦人問題沈入於惡臭氣中。將日深矣。雖然。物不終否。主張社會平等論之學派。亦遂發生於斯時。斯學派。於婦人社會改良之事。實大有功焉。

其後至一千八百三十年。自由之論復起。因而婦人問題。亦於是時更始其運動。社會平等黨婦人之諸協會雜誌、諸新聞雜誌、及演說報告等之文。徧布於全國。而全國多數之婦人。皆就此問題。喋喋不休。討論研究。而以擴張女權爲主義之諸新報中。尤以馬雀磨破女史所發行之新聞爲最。其論說悉依據於一千八百三十年之憲法。而以之爲基礎。其新聞紙上。曾載有向法王路易第一陳述之論文一篇。其中之名句曰。吾法國婦人之所請願者。願我皇陛下。旣於是時而爲吾國男子之王。幷於同時而亦爲吾國女子之王云云。最爲世所傳誦。其新報中。又嘗極論法國之法典必須改正。而凡婦人。於一切政治上之權利。不可不與。其他更作爲種種論說。向皇帝及國會要求種種之利權。而於一千八百三十八年正月第一號之新報中。更揭載當許婦人與男子同入大學同得學位之論文。夫此請求。已於四十年前發起。然而國會則褎如充耳。迄於此日。依然未應其請也。

因婦人社會有此等之運動。遂喚起男子社會公衆之注意。有許多之事實。可証而知。據某新聞紙所載。有一男子。當選舉之際。因欲諷世人。令悟婦人亦確當與以參政權之故。而彼所投之票。記其妻之名。欲以充議員之候補者。一千八百三十四年。則有名曰阿買臣之新誌出版。其內載有名論。詳言婦人於政治上之關係。專注重於當授之以與男子同等及合格之教育。以此爲目的。又有連薄立司氏者。著一書。名曰「婦人與政治關係史」。起自古昔羅馬時代。迄於當時。凡婦人社會關係於政治上之情形。詳細記載。又有李谷氏者。著一書。名曰「婦人道德歷史。」二書均於路易第一世之時出版。使世人知當時婦人社會可憫之情形。而促起其注意者。皆此諸人之力也。李谷氏所著之書。直傳布於歐洲各國。其自序有曰。予所論著之旨趣。非謂婦人與男子。原來無所區別。而謂婦人亦必令其成爲完全之婦人。俾與爲配偶之男子。可以互相依倚。而後男子方得成爲完全之男子。其書中持論之沈著。足可想見。

法國婦人問題。如上文所述各種理論。方在流行之際。而第二回之革命突然又起。一時之間。婦人之自由。似可實地觀見。而豈知又不然。蓋此第二回共和政體華麗之夢。決不能永續。今得爲彼下一斷語曰。一千八百四十八年之婦人運動。實被當時之社會黨所吞噬而沒。而當時之社會黨。亦以其過於橫行無忌。而自傾倒者也。

雖然。當時法國尚有二三老成人。熱心於改良婦人社會之事。即如孔西特立德氏。曾當九百之被選議員中。突起而嚮憲法委員。要求婦人之權利。又如一千八百五十一年夏期所開之國會。既已經衆發議。凡關係於政治之事項。婦人不得有陳請干涉之權利。如有請願。當一概拒絕。幸而賴有識者三人。竭力抵抗。此議方得作廢。其年十一月。復開冬期國會。有有名之急進黨皮羅歷洛可司氏。提出修正議案曰。某議案之第一條當修正。其所擬修正之辭曰。凡被選舉爲議員者。當以法國之男子與女子。既達法律所許之年齡者組織之。此時皮羅氏幷爲過激之演說。欲以支持其所擬修正之條欵。遂致國會議事堂上滿堂哄笑。共起而破毀之。

是年雀勃脫氏、發議於國會曰。凡關係於政治之事情。於男子。則請願之權利。亦當有限。而於婦人。則此權利全無。凡有請願。當全行禁止。當時因干涉政治。而被拘囚於孫脫拉澤耳獄中之孫泥特陸英女士。自幽囚之獄中。而向此議論發極激烈之反對。陸楞德氏。將此反對論向國會議場提出。大攻擊雀勃脫氏之議案。遂爲一大問題。而引起一大討論。此論題延而迄於七月二日。及此期日。上議院議員施谷乞兒氏。提出一修正案。此修正案。卽謂當保護婦人請願之權利。此案既提出。爲顧立謀司氏所贊成。其後遂得多數之人。決議而採用。於是乎雀勃脫氏所提出之議案。終爲衆所拒絕而作廢。亦云幸矣。雖然。及第二共和政體。倒於路旁之際。而婦人之活動。亦遂終爲粗暴倉卒之手段所壓服。此時卽一千八百五十八年也。而是年白臘特懷氏。著一書。行於世。此書極足惹起社會學家之注意。而使之研究婦人社會之一問題。白臘特懷氏曰。男子與婦人相比較之價值。則猶三之與二。當時之新聞紙與雜誌。以及著述之各種書籍。駁擊此說者。不計其數。凡懷抱卓越之才能。具有自由之精神者。莫不諜諜然論議關係於婦人之條項。此等有識者之所說。風行於法國。於法國人民之心意上。有强大之勢力。實足爲此後婦人社會之運動。及身爲男子而保護婦人社會者之先導。無疑矣。

自是厥後。及第三共和政體起。而婦人問題。亦遂與其他種種之事物。均得發生新鮮之生活與勇氣。當一千八百七十四年。於惡洛塞羅。討論新選舉法時。有陸獨脫氏者發議。謂有妻者、及有一子之鰥夫。此其選舉議員。不可不投票二次。而潘路恰司德氏則進一步。曰鰥夫不必問其有子與否。皆當投票二次。而獨赫德則更進一步。曰。凡人當先爲已投票一次。更爲妻投票一次。更爲子投票一次。於是各委員之贊成此說者。遂朗讀曰。議案第七條。有妻者。及鰥夫之有子或孫者。選舉議員時。均得投票二次。此條欵。其後雖卒被拒絕。亦足証當時法國之婦人與家族。固未得在充分選舉法之下。選舉代議之議員。因而著眼於此點。亟欲改良其法者。頗有人也。

及一千八百七十八年。於巴黎府。初開萬國女權議會。此議會。當初發起時。重賴龍李曲兒氏之盡力。得以成立。組織此會之各國。即爲法蘭西、瑞士、意大利、荷蘭、俄羅斯、及我美利堅。共六國也。而法國巴黎。則公舉出代理者十八人。此十八人之內。有二人爲議事官。五人爲代議士。三人爲巴黎府會之議員。意大利代理者之內。則有一人爲代議士。而台兒司侯爵之先夫人。亦在其中。我亞美利加所派出者。爲淮耳特花、與廖耳廝耳二君。并予而爲三。予當時亦得此被派遣之名譽。而與諸君子相周旋。甚以爲榮幸。蓋是會也。於議員之中。除上所記之各人以外。更有許多之代議士。議事官。法律家。新聞記者。及學識完備才智出衆之士夫縉紳。萃當代之名人。結曠世之良會。甚盛舉也。而尤幸者。予於此會。往往得與名媛淑婦相晤。藉得備領教益。實爲難得之遭逢。抑此女權會議之條理。第一項。於歷史上搜索女權進步之事蹟。第二項。宗教。第三項。經濟。第四項。道德。第五項。凡於法律之上。與婦女相關之事情。詮索論議。此爲當時女權會議章程中所定之五大綱也。此等種種之議論。探索既訖之後。會中會裒集成書。而公諸世界矣。

與此女權會議同時之頃。法國之婦人社會。又發起一婦人改良會。以改良婦人之資格爲目的。先是於一千八百七十六年。法國有抱急進主義。熱心不撓之女士。名啞可洛羅德。以擴張婦人參政權爲目的。設立一女權擴張會。於一千八百八十一年二月。更發行一新聞。以爲之機關。更有科塔女士者。其囊中雖不饒。而其企圖心最爲富裕。乃於巴黎獨發兌一小新報。以鼓吹擴張女權之宗旨。及翌年。而又有女權協會二所興起。其一。則爲龍李曲兒氏所設立者。名曰法國婦人權利同盟會。其鄭重之目的。在將法國種種關係於婦人之法律。一一改良。其一。則爲花克洛耳德女史所設立者。

即前此所設之女權擴張會。今改名爲全國婦人參政會。其鄭重之目的。則顧此名稱而可知也。

予既將法國婦人社會活動之經歷。自一千七百八十九年。以迄於今日。略記如上。下文更分爲六項而序述之。欲令讀者愈知其確實詳細之情形也。

六項之目如左

第一　法律　第二　道德

第三　宗教　第四　教育

第五　美術　第六　職業

第一　法國婦人社會關係於法律上之概況

法人楞奇勞特氏曰。我法國數次革命。皆與婦人大有關係。

此其事實。既爲世人之所目擊矣。而及事之成。其對於婦人社會之運動。乃不惟隨事與以妨礙。使其失敗。而且當革命之際。所制定之法律。其主義乃擇與平等自由之說迥異者而用之矣。以上爲楞奇勞特氏所言之第一節。以下皆述楞奇勞特氏之所言。

楞奇勞特氏又曰。此實由於盧騷氏所著書。名哀麥意兒者所致。蓋試尋玩此書之意味。皆爲紀元後二三百年法律學者所棄而不用之羅馬舊法。此書乃以之爲基礎。而組織以成其說。卽男與女行爲之間。必强加以分別之主義是也。今試隨舉一端以爲証。如彼拿破崙法律。卽法蘭西法律者。其開卷之序文。爲帕耳泰利司所撰。其中關係於男女結婚之意見。大半皆取自哀麥意兒者。卽此可以概想其全書也。今試更就拿破崙法律中。而徵論其一二節。先就關係於既婚婦人之條欵而觀。則此法典者。與古法同。其首要之主義。卽是奪婦人之獨立權。因而財產所有之權利。亦喪失盡淨。悉惟夫命是從而已。更就關係於未婚婦人之條欵而觀。則此法典中。凡關係於結婚之條欵。無一保護婦人之權利者。總而言之。男女之間。其地位迥異。縱令其夫顚狂痴呆。爲之妻者。亦不能與夫享同一之權利。而經理其財產。其不平等蓋如此。此等固陋之法律。令婦人陷於服從之地位者。蓋皆本自一千六百年頃之民法。而增損以成之。有時非但如一千六百年頃之民法而已。其處置婦人之法。且比更前二百年之法律。而尤爲固陋殘酷。爲可詫也。

夫夫婦間之行爲。當平均如一。此語雖亦載於拿破崙之法典。至其實際。所謂平均如一者。毫末不能享受。在爲妻者。若於德義上有欠點。雖其事情至爲瑣細。不能不擔其嚴酷之責任。若事情較大。受刑更苛。或被立卽離婚。或被數年禁錮。而爲夫者。但於家內不得畜妾而已。此外無論何種放蕩肆橫之行爲。皆不在犯禁之限。爲之妻者。但能默視服從而已。且爲夫者。卽使犯禁。亦不過輕輕罰金。更無重刑也。

父對於子。畢生有無限之權力。平時得監督其敎育與行爲。有罪可加之以禁錮或責罰。其子若欲結婚。必先仰請其父之許可。及反而試觀母對於子。於法律上觀之。其視母也。幾如無有。縱令其夫死去之後。尚依然毫無統御其子之權。僅能爲後見人而已。（案後見人乃法律語即受死者所囑託後事之人也）然而其夫於臨死時。更得別置爲其子後見人之助力者一人。則此人卽爲死者之妻之助力者矣。若然。則死者之妻。無論何事。皆須與此助力者相爲一致。苟非一致。卽不能行其後見人之職務。蓋名爲其妻之助力者。實不啻爲其妻之監督者矣。故爲妻者。所謂後見人之權。亦不啻左手與之而右手奪之。究此法律之意。蓋欲使此權亦終歸於有名無實而後已。而若爲妻者臨死之際。對於其夫。斷無此類相等之法律。所不待言。且也。若寡婦再嫁。則再嫁之夫死後。必須經其家族協議。公定一人。以與其妻共操後見人之權。而不平之尤甚者。則爲子在牢獄之時。若其父身死。而保護之權利。不能一律遷移於其母。一切勢力。皆因夫死而減少。此則婦女實并其子而不得自有也。

右所陳述者。爲法國婦女。對於其家所占地位之情形也。因其情形之卑屈不平如此。故女權擴張家。莫不慨歎不堪之至。雖然。女子無權力。且有比此更進一層者。則是不能爲他人之後見人。不能與聞家族之評議。凡公然之文書。不能爲其文書上之証人。凡有關係於政事之新聞。不能爲其出版人。其尤甚者。則不能集會。諸如此類。不勝枚舉。茲特稱其數端而已。

以上皆爲法人楞奇勞特氏之所言也。卽此以觀。不已足見法國婦人社會。於法律上所占之地位。爲何如乎。

第二　法國婦人社會關係於道德上之概況

今予將記載法國婦人社會關係於道德上之情形。而先憶及巴黎某新聞紙所記載之言。其言曰。吾人欲見深閨之情形。似不必去巴黎府。而適康司呑起拿普耳府。卽在巴黎。似亦可以見之十分明晰。雖然。兩府之間。有一異點焉。康司呑起拿普耳府之婦女。籠閉於狹隘之宮殿中。而巴黎府之婦女。徜徉於繁華之城堡外。予今得而按之曰。此誠可謂切當之言也。某雜誌又嘗揭一事。亦足以爲此言之證。其所記之事曰。按一千八百八十二年之統計。於某季六星期之內。巴黎府共生出嬰兒一千三百六十八人。其中九百三十七人。

係正統之子。而其餘三百四十一人。皆私生之子也。某雜誌所揭之言如此。今就此言而概算之。可知法國巴黎首府。其所產之嬰兒。三分之一。皆婚姻以外之私生子。即巴黎一府。每年平均數當產出一萬七千之私生子。法國國會。所以出令曰。凡私生子。其所生之母。能以己之勞力。扶持養育及十年者。則他日可向政府要求其應得之教育費。國會所出之令如此。法國婦人亦云幸矣夫。

論法國婦人道德之情形者。莫如毛希羅夫人。今略揭其所著書中。論述之言。以質諸讀者。

毛希羅夫人曰。我輩婦人。應得享有人生完全之權利。即應得享有與男子同等之人權及政權。斯固然也。然於要求此事之前。不先望吾國政府。速廢止其法律上制定之惡弊。則實爲可歎。惡弊云何。第一當駁論者。即於法律上。以婦人之身。爲一財產物。可見我輩婦人。并己之身。且非己有。蓋於法律上。或因事故。可將婦女沒入於官。而爲警察官之所有物。甚且可鬻之爲娼妓。而忍令失節喪恥以終身。夫婦人與男子。同在政府有司監治之下。而法律乃獨逼令婦女。公然爲娼妓之生計。我法國婦人社會所蒙之恥辱。眞莫大於此事也已。以上爲毛希羅夫人所言之第一節。以下皆述毛希羅夫人之所言。

毛希羅夫人又曰。夫我法國之新聞紙。屢屢揭載駁擊此等破廉恥之論議。惜皆不著作者之姓氏。而其書既已不脛而走。且鑿鑿揭明著作人之姓氏者。獨有德盤女史所著。名曰惡弊之。寬容一書。此書蓋因大憤濾婦女破廉恥之所爲。而極口非難此等之法律。惜乎我國有此品性高尚道德尊崇之女士。而徒與此不道德之行爲及法律。力抗奮鬭。啣恨以沒世也。一千八百七十三年。英國勃脫路夫人。駕臨巴黎。夫人爲英國婦人社會活動之首領。英國婦人社會活動之目的中。其一項。則因其時英國某地之婦女。亦有破廉恥之行爲及法律。英國婦人社會活動之目的。欲抵抗而打破之。而夫人則懷抱卓見。以爲此禍難實自法國而移渡於英國。故先親赴其起因之地。即我法國之巴黎。聲其罪而攻擊之。我法國婦人社會。既聞夫人之演說。大爲感動。同時我法國有一豪士。名曰蓋揚篤氏。亦以筆舌極力攻擊令婦女破廉恥之法律。嘗因憤怒之際。而大書特書於警察署之門曰。當擔負破廉恥之責任。遂被處以禁錮之刑。凡六閱月。此尤爲大可憫憾之事。蓋我法國之男子。欲爲婦人社會刷新其積弊。因而奮戰激鬭。遂被囚禁於囹圄。且歷甚長之日月。從古未有其例。有之。自蓋揚篤氏始。實爲奇特之一例也。

英國勃脫路夫人。先則設英國賣淫廢止同盟會。旣更推廣其事。設歐洲大陸賣淫廢止同盟會。因欲得遂成其目的。而大有所圖謀規畫。以故屢屢來至巴黎。而巴黎之張拍麥夫人。及蓋揚篤氏。遂爲此會之委員會長。大致其力於此會矣。而是時我法國之婦人社會。更於巴黎府別起一會。名曰社會道德改良會。此會所執之目的。與賣淫廢止同盟會之目的。大致相同。而亦大顯其功效。

自是厥後。我法國以此等主義爲目的。而設立之種種協會。日見其多。然名爲男女合力維持。其實勢力威權。諸凡重要之點。皆不在於婦人。而在於男子。世人有言曰。社會間之道德。實爲婦人所造作而出。可爲確論。而於我法國當日之情形。則獨不然。婦人之於道德。不過承受男子之旨令而已。蓋當日我法國之婦人輩。誠大可慨歎。甘爲輕薄之行。而邀男子之娛樂。徒以此爲希望。而終生從事焉。其他之是非得失。概不暇顧及。以故於此道德上之情事。亦復倚賴男子。爲之創造其說。而婦人輩但受取默從而已。

以上皆爲法國毛希羅夫人之所言也。卽此以觀。而法國婦人社會。於道德上之大概情形。不可推而知哉。

第三　法國婦人社會關係於宗教上之概況

笛司模女史曰。婦人之自由。及其他種種之權利。舉世之人。承認與否。此一問題。則由古代之宗教。與思想自由之意見。相與結合而生關係。觀世界開創以來。宗教上通行之說。則竟以婦人爲一犧牲物。今者世人相傳之議論。則亦或尙有曲護耶穌敎者。謂耶穌敎實將彼婦人從貶黜之域。而救之以登甚高之地位。耶穌敎未出世以前。婦人不過爲一玩弄物。或爲一生殖子孫之器械而已。然而此實爲附會無稽之論。試就歷史而詳爲探究。更不見耶穌敎有拯救婦人。登諸高地位之實跡。今試論其實在情形。則古代之婦人。雖被多數之男子輩。强相壓制。迫令服從。而猶未全服從者也。自耶穌教出現以後。於婦人社會。非但毫無改良進步之情形。而徒又增出宗教家教訓世人之說。曰。特爲男子而造作出婦人。非爲婦人而造作出男子。此其所教者。於婦人之權利。爲何如矣。夫彼孫德帕爾。及其後宗教社會中所呼以爲父。而喬然特出之人人。試聽其所持之論。則曰。婦人不可不服從男子。故赴寺院時。不可不以紗覆其面。蓋此所以爲表其服從之徽幟者也。婦人不可不靜默恪謹。秉受男子之命令。故婦人不得說法。婦人當尊敬其夫。謹受其命。故婦人不可不勉爲淑愼之行。噫。何人能於此命令法規之中。而尋出其絲毫自由之意味也乎。此等之命令。若但謂之爲不含自由同權之原素。猶屬泛論。直當謂之爲其視婦人。皆爲劣等之人類。而置諸社會劣等之地位。此等之命令。乃卽其嚴厲之宣告文。方爲確當。凡奉耶穌教諸人。其所論斷之婦人價值。最不確實。蓋彼等實乃最不能知婦人眞價值。且該教之法典中。其對於婦人之旨趣。實爲最曖昧。試觀彼梅鏗氏評議問答中之所云。則該敎對於婦人之意見。實爲無理已極。其言曰。若婦人者。則亦特爲生靈所持有之一物也。其言若此。不亦謬乎。且夫今日我法國之政治家。專欲建立共和政治。而黽勉以爲之。雖然。又輒遭障礙物。而破壞其目的。此障礙物爲何。余竊思之。則卽敎會者是也。而於歸依此教會者之中。

最熱心。最有勢力。且爲最多數者。則卽婦人社會。夫我法國之婦人社會。乃將滅亡期已定之宗敎。竭力保護。而欲其長存立。嗚呼。可不謂之大愚乎。嗚呼。吾願將此等婦人。速從迷夢中救出之。嗚呼。彼加特力敎者。實負莫大之罪於我人間社會。況迄於今日。彼輕蔑婦人之男子輩。已甚苦婦人輩知識之不足。深悟前此力抑彼等。而使處於社會下層之非。亟欲彌補其過誤。況今日已將敎育之事改良。使男女得受同等普通之敎育。且於敎育之中。亦不復挾帶宗敎之臭味。況今日既已發明。凡人莫不當有自由之權利。而自由之原素。則在眞實正確之知識。當此之時。我法國之婦人輩。尙一心惑溺沈醉於宗敎之中。而未醒其迷夢也可乎。嗚呼。凡吾甚愛之婦人輩。果欲得與男子同等之權利。或望稍免他人之干涉乎。則何不速脫加特力敎之範圍。而痛改舊時習慣之陋俗。以助自由之兵乎。嗚呼。彼自由兵之中。則學識雄偉。而能助我婦人社會者。蓋不少也。

以上皆爲法人箇司模女史之所言也。卽此以觀。而法國婦人社會。於宗教上之情形。不已可推而知哉。

第四　法國婦人社會關係於教育上之概況

我輩欲知法國之女子教育。必先知其初著手於教育時之情形。夫法國革命以前。敎育之情形。蓋甚陋矣。試披舊錄。則法人門德能夫人所著敎育論中有曰。若中人生計之家。欲教育其女子。當攜來我家。而敎之以管理家務。及他日嫁後從順其夫之道。若夫女子而令讀書。則吾不知其有何利。而祇見其爲甚害。夫女子而讀書。則既令傲慢。又增貪欲。何利之有。其識見如此。不亦陋乎。

雖然。及革命起後。法國人民。於女子教育之事。其思想頓爲一變。而知女子教育。必須改良。首先明白論之者。則爲國會。惜乎此國會之命數甚短。故其所經營之事業。不遑成就。且其時更內亂百出。故一切自由之企圖。皆不能實施。

及帝王政治時代。婦人教育。愈棄擲不顧。因彼王位回復之一舉。頗帶素來習慣之宗教臭味。故於婦人教育一事。較諸帝政時代。不免與以更深一層之惡結果。雖然。當彼拿破崙與薄爾朋二家之時。衆人於棄擲女子教育之一事。固安之不敢有所非難。至於魯意之時。則稍不然。一千八百三十三年之帝政。蓋方當義様氏執政。其時於男子特爲設小學教育之制度。而獨全不顧及女子教育之事。可謂其惑已甚。白耳柴克於是乎奮起而大聲疾呼曰。女子教育一事。國家不可等閒視。今日之女子。豈非後日國民之母。而我法國大學校於此等緊要之點。毫不慮及。其不愛國家。不已甚乎。經此倡論之後。衆人似有所悟。於女子教育。稍稍補其缺點。雖然。較諸男子教育之完備。尚遠不相及也。

法國女子初等教育之欠缺。既如上所述。中等教育又何如。則中等教育。更增一層可異之情形。蓋法國女子中等教育之起原。雖在一千八百六十八年。而迨及發布校令之日。則已在一千八百八十年十二月二十一日。其間凡歷十餘年。有志者皆在家庭獨學自習。以圖彌補中學校教育之缺點。及一千八百八十二年十月。陸渾女子中學校。方始開設。於開校之前。來呈入校志願書者。已有二百零二人之多。卽此以觀。足証法國婦人。於教育一事。有待改良。而非當渴望者。蓋多且久矣。以故自此以後。各處縣皆開設女子中學校。且其數日增。而校額皆滿。絕無一所有生徒不足之慮云。

若夫婦人之入大學校。則在中學教育令實施以前。早已允許。何也。蓋此外更無教育爲女子者之學校焉故也。自一千八百六十六年。至八十二年。法國女子而得大學校之學位者。凡百有九人。其進步之速。抑又可驚也。

第五　法國婦人社會關係於美術上之概况

法國滿路德克夫人。嘗贈書於予曰。或謂人之靈魂。決不因男女各別。而有所異。亞斐羅林大學校校長。亦謂予確信男女有同等之才能。此皆爲至當不易之論。雖然。就今日而觀。竟不能謂婦人與男子之間。其才能確爲無所差異。此以何故。則因於婦女一方。有種種之力。阻止其才能發達。蓋妾今覩妾身於美術之婦人輩。日日渴望得遇佐助其技術上發達之機會。而信彼二人所說之言。誠爲確論矣。夫彼瑞典國之婦人。皆取吾國美術展覽會之優等名譽以去。則因彼等於美術之風韻趣味。少年時早遇其發達之機會。蓋於瑞典國之都府司德克花爾模。設有一最大之美術學校。而瑞典國之女子。皆得趨赴此校。就其美善之模型。而相與切磋琢磨。以竭力研究之焉故也。

今日我法國婦人輩。爲繪畫雕刻之業者。似已不致爲彼抱偏頗心之男子輩所阻礙妨害。此實因婦人輩確有美術之才能。所以得大受社會之愛顧。且吾國之法律。於婦人輩熱心於美術之一事。亦似更無制限。然而於此卻有一隱闇之潛勢力。常抵抗婦人輩之進步。此潛勢力爲何。卽無論如何巧妙之大美術家。苟自女流社會而出現。則吾法國之美術局。毫不與以相當之褒賞。蓋習俗之感染也實深。其有司輩。至今尚不免懷抱輕蔑婦人之意見。以故阻格其進步於無形也。且也。男子至十三歲。若有不得已之故。則許其以官費而入美術學校。若女子而欲入此學校。無論其情事如何。皆必須出謝金。此其於男女之間。豈非又大有所判別哉。雖然。至於近年。待遇女子與男子。似有漸趨於平等之兆候。此則爲可喜之一端歟。

以上皆爲法國薄路德夫人之所言也。卽此以觀。而法國婦人社會。於美術上之大概情形。不可推而知哉。

第六　法國婦人社會關係於職業上之概況

法國花楷耳德氏。嘗遺書於余曰。凡五洲大國。如我法國婦人之黽勉勞動。蓋未之有也。且無論朝野上下。凡屬婦女。莫不各圖其家有形與無形之繁榮。而力助其夫。亦未有如吾國之盛者也。此則予所不顧傲慢自誇之誚。而敢斷言之者也。亦且他邦人來我國。往往見此情形。而不覺一驚者也。希路來勃拉恩特嘗曰。凡爲夫人。而經理一家之內政。則更無優於法國者。法國之婦人。既能從實際動作。以管理一家之內政。又能兼營其他之業務。并能立於夫之地位。而代夫料理其事業。法國之婦人。又最有堅忍耐苦之力。雖在嚴冬。而穿薄衣。任辛務。亦不撓屈。且了解事物之理。又甚敏捷。而容貌則既爲天然之華麗儁秀。威儀則尤覺出衆之嫻逸美備。又莫不磨以熟練之教育。習夫溫雅之風規。其性質則剛強。其志意則專壹。抱此衆善。而妻以相其夫若子。女以佐助其兄弟及姊妹。莫不能各因其位。而恰適其宜。希路來勃恩特之說如此。抑凡家庭之業務。而委諸婦女。此實最適於自然之法。不但於婦女有益。於舉家之人。亦皆有大利益也。雖然。若在勞力社會。其勢不能不求能得報酬之職業。以爲糊口之資。此而欲其不務他業。專任一家之事。又有所難者也。然而今日勞力社會婦人之情形。比諸舉國未用蒸氣機關以前。倍增其貧窶窮困之境。沈淪苦海。日深一日。此則我國今日賣淫乞丐等輩。所以愈多之原因也。今日之急務。宜亟施救濟勞力社會困窮之策。否則其流弊靡所底止。蓋深可懼也。

日耳曼國

法國花楷耳德君。遺書於予。其說如此。觀此而法國婦人社會。於職業上之大概情形。不可推而知哉。

女子社會活動自助之概況

日耳曼國

立德夫人 花爾斯克女士 合述

自有法國之革命。而世界人心。皆如夢方醒。各各興起其進取之氣象。於是社會百般之事物。亦莫不蓬蓬勃勃。驟增其勢。雖然。獨吾日耳曼國之人民。殊不能爲此勢所震動。以故凡善良有益之事物。彼此隔絕。亦如地勢上。日法二國。爲來因河所隔絕。畫然分界。而於我國不得見交通之利益。因此情形。我輩婦人社會活動之進步。亦暫失其期。當時我國人民之待遇婦人。輕蔑侮慢也最甚。與婦人以自由。幾與放釋奴隸之事等視。而以爲決不可行。此誠可謂大有妨礙於我國婦人社會之進步矣。

積重難返。歲月逡巡。如上所述之情形。仍而不變。以迄於一千八百四十八年。妾等耳目之中。更無他種感情。但靜觀彼衆人之熟睡而已。至於是年。方與我國民以一進步之新時期。蓋佇立於來因河對岸。而伺我國動靜之諸事物。實於是年。始舉足前進。而涉來因河。其中一二事物。漸抵於我國之岸。且更徐徐前進。而生其活動矣。

且也。至於是年。我國婦人社會之鼾睡亦漸破。而新活動之迹。乃始得從而動其運轉之機。彼後日揚名於世界之皮德羅夫人。卽乘此機會。大盡其力。自進而爲婦人社會活動之指揮者矣。

此等善良之活動。既蹴來因河波浪。而漸次浸入於吾國。此其勢力。方且從而加增。遂將波及於吾全國之境。固必然矣。雖然。於斯之時。亦遂有種種妨碍物隨之而出。以遮斷其路。於是乎諸活動又爲其所破壞。而失其前進之勢力。大可悲也。諸活動既失其前進之力。遂止於國之一隅。而其先與此諸活動牽連興起。希望進步之諸事業。皆遭相同之命運。更無大小之差別。一齊止步。此其情形。恰如汽船最畏礁石。彼輪機衝風破浪。萬里横行之力。只一暗礁遮觸。遂使其運轉不能自由。苟非得風水之力。將船體移下。則彼機關士與水夫等。雖復竭盡其術力。蓋必終歸於無効。然則此等之活動。除卻坐待時機之至。亦復尚有何法可使前進哉。迨其後至一千八百六十五年。始得前進之時機到來。而慰我婦人社會之渴望。今而後久羈於暗礁上。遂使停止其運轉之諸活動。乃又得際遇夫輿論之風潮。漸令其移離於礁上。而且諸活動堅固之機關。則又毫無損壞。於是乎更持彼事機之輪軸。而營其運轉之精神。乘此潮頭。挾此風勢。而將向吾國巡行一週。爲問佳期。蓋在此時矣。妾等今試更端以喩。則又如自由之樹。方植於吾國之地。而適遇隆冬。此樹之萌芽。不能堪寒威之栗烈。遂將見其枯死。幸而温暖好春之時節。循序更來。此自由之樹。乃得重見蘇生。再張其根而揚其葉。雖然。凡樹木之遇春。豈但更蘇而已。其根株愈見蟠蜒。其枝葉愈形茂盛。有必然者。然則此自由之樹。亦必繁衍於吾全國。而不但枝葉鬱蒼。且開豔麗之花。結甘芬之果。亦有必然者。然而必待幾年之後。方得遂斯望乎。則今茲猶未能屈指。而推也。
此諸活動。既得蘇生。而漸次蔓延於吾全國。則吾婦人社會活動之芽。亦得隨而萌動發生於吾全國矣。而其中以臘柏克府及柏林府所興起者爲最盛。
我婦人社會之活動興起於臘柏克府者。則姑於一千八百六十五年十月於此府所開之婦人集會。此實賴我國婦人社會活動之指揮者。卽人所共仰之皮德耳夫人。大盡其力。因而得以成立興盛者也。此會之規則。亦許男子入會。以表同情。其起於柏林府之活動。則亦於是年十二月於柏林府發起之男女混合集會爲始。此集會之會長。則爲我國著名之慈善家。大學博士立德氏。此二集會所抱之主義。皆最堅牢固實。所以能維持永久。譬諸造屋。期其急速成就。愈須循序經營。雖似舒緩。而敏捷在其中。故於社會而急圖進步。亦轉不可不先究明徐行保守之方法。不如此不得有成。抑造屋者。與其急究牆屋之點綴。則又無寧先圖基礎之堅牢。不然傾圮隨之。亦復徒勞而無益也。

翌年二月。更開第二次集會於柏林。此次集會所議之目的。則與婦人社會以職業是也。而此次集會之結果。則吾國婦人社會職業上之權利。遂得大蒙吾公主殿下之保護。其後至一千八百六十九年。名此會曰「立德。」因此集會之創立者立德氏。於是年去世。故特以其名名此會。蓋所以表明其名譽與功勞。而以爲記念也。

臘柏克集會之目的。則欲以恒久之力。大擴張婦人之權利。謀以新思想盡力灌輸於全國人民之腦中。而使永無止境。以故於各處廣開評議及演說會。當其開會之際。在爾時熱心有才識之婦人輩。卽後世所稱爲我國婦人社會先導首領之諸令媛。皆振其流暢之辯辭。而爲種種演說。蓋從此歲歲年年。定爲常例矣。

立德會之組織。與倫敦之婦人職業獎勵會。大旨相同。雖然。初非全然摹擬該會之規則。而但酌度夫適合於吾國者。則採取之。其不適合者。則屏棄之。蓋實將該會之組織。折衷允當。而後用之於立德會者也。其最要之主義。則在發明適宜於婦人之新職業。而授與之。又於婦人所舊有之職業。而保護其利益。使之愈形發達。而進於隆盛之域也。

創立此會之會長立德氏既死以後。公推柏林大學校教師大博士花路德澤特氏代理其事。凡數年。至一千八百七十二年。而始共舉立德夫人爲其後任者也。

當此之時。經國會提議。令民間振興女子之家庭教育。而特設理化商業圖畫各科。令人民各就其家室而教授之。亦仍兼教烹調、洗濯、紩熨、機器裁縫、造花、雕刻等技術。

而立德會者。則又令婦人入印刷所。學習排字法。若夫其他種種之業務。則亦皆盡力佐助。而令全國之婦人輩。得以實地執行。其學習排字法而獲利之婦人。曾無幾時。已有數千人之多。於是立德會之名聲。遂轟然震於全國。凡稍大之各都會。莫不摹倣立德會之規則。而設立婦人集會。回溯立德會發起之始。以迄於今茲。曾幾何時。而遽得見有此洋洋之盛。蓋誠可爲吾國婦人社會之幸事矣。

抑吾日耳曼國婦人活動之先導者。頗受後人之所謗毀。曰。此其人動輒怯懦。常過於躊躇。而乏進取之氣象。妾則以爲持此非難之論者。以其於吾國婦人社會之情形。未能了解透澈故也。蓋吾國之女子。大都僅受初等之教育。若欲受高等之教育。則祇可自修。其故何也。蓋因吾國婦人。入大學校最難。至今猶未得遂此渴望。夫試歷數世界共和政治之國。則有如瑞士、亞美利加、法蘭西。至於帝國。則有如瑞典、英吉利。意大利。甚而如俄羅斯。此其婦人社會。皆於甚受抵抗之後。而終漸將大學校之門打開。令彼婦人社會得自由入學。而受大學校滿足之名譽。而獨吾日耳曼之婦人社會。則瞠乎其後。至今猶未有得入大學校之身分。豈不可慨也哉。妾等蓋嘗希望吾日耳曼國。不久亦倣效以上諸國之成例。而特設高等之女學校乎。不然。則竟將大學校之門戶開放。而坦然允許女子得與男子並入乎。夫如是。吾國之婦人社會。進於高等教育區域之道路。方爲開通。吾國之婦人社會。必有如此之一日。吾等固確信而無疑。雖然。吾國之大學校創立最古。大爲國人之所貴重。故其所本有之組織。保守甚固。不問事之善惡。但墨守舊法。欲其將舊法更改。而許女子與男子同得入校之權利。蓋有異常之阻力。此吾國女子教育之改革興盛。所以倍難於他國。而必多費時日也。茲今試舉與此相類。而可以爲比例之事。如彼英國。其近世所設之倫敦大學校。因其設立既甚近。故改革其本有之組織。而令女子得與男子受同等之教育。甚易亦甚速。而若碌別溪與屋斯佛之二大學校。則因比倫敦大學校設立在先。舊法相習已慣。故其許女子入校。甚難亦甚遲。此則與吾國教育界守舊之故。大有同感歟。

吾國婦人社會。別有一種重要之集會。名曰婦人愛國會。此會爲吾國皇后之所保護。其重要之規則及目的爲何。蓋於平時。則各自營業。而若遇戰事。則此會專辦扶助民兵隊家族之事。亦或投入病院。而爲負傷者充當看護之役。此等之集會。於國中有多處。其名與義。蓋皆同也。

此外婦人會之可記者。更有三種。其一爲日耳曼男女教員會。此會專監視教員之學力。及生計上之利害。此會有重要之工作。蓋先則營造退隱所於柏林左近。以備衰老虛弱之教員。退隱休息。繼更設寄宿所及公會所。凡男女教員。關係於其一身之問題。皆許於此所中集會而論議之。

又其一爲婢女監督會。此會爲毛承斯敦夫人所創立。夫人又設施送肉湯所。使貧困者得以餬口。

又其一爲美術協會。此會之設。蓋因婦人有志學美術者。或以故而不能入純全完備之美術學校。則使其可入此種協會。而肄習美術。故此會中特設繪畫雕刻等學校而教授之。與此相同之女學校。則更有𢠵麥羅及繆泥克地方之二學校。繆泥克之學校。雖兼有他科。而其所注重之點。似亦在工業中之技術也。

吾國婦人社會。於美術一事。經此等有志者。種種盡力提倡。因而所生之利益。試觀吾日耳曼國婦人所製出之物品。即可概見。先是於柏林開設二處之美術展覽會。繼而於一千八百七十九年。更在繆泥克開設萬國博覽會。吾國之婦人社會。爭出種種物品。以相比賽。而就中美術協會女生徒。所出之種種陳列品。尤博當時著名公平之鑑定家。稱美賞讚。此等婦人。關係於吾日耳曼國美術之名譽。蓋非淺鮮也。

吾北日耳曼同盟國。與彼奧大利國相同。凡鉄道郵便電信等之事務。悉皆使用男子經理。而婦女絕不得干預參雜。此實爲吾國婦人社會及愛國之輩。所歎息不置者也。蓋此等職業。南日耳曼及中央諸州。自古以來。使用婦人經理。大得利益。而普魯士。即北日耳曼。及郵便電信脈絡貫通之同盟國。即奧大利。則其所執處置之方法。適全與反對。絕不使用婦人經理。而至吾國帝政組織之時。驛遞電信等之事業。皆落於政府之手。於是乎即南方及中央諸州驛遞電信等之職業。前此婦人所依以爲糊口之計者。至此亦且將被奪於男子。於是當一千八百七十二年。吾國婦人社會。乃向國會。提出一請願書。國會不但允許力救南方及中央諸州婦人社會職業上之危難。而阻止其被奪之事。且謂普魯士郎北日耳曼之電信郵便等事務。此後亦當許使用婦人。已將如此決議矣。豈知當時吾日耳曼國驛遞總管施德發氏。大反對可以使用婦人之說。而盡力阻止。遂令此請願書終歸於無效。而吾日耳曼全國婦人社會之志。至今猶未得達。爲可慨也。

雖然。概而論之。則吾國婦人社會之活動。起自臘柏克及柏林。至今僅十有八年之間。亦可謂顯其甚多之功績矣。妾等今綴此一文。因不得不短畧。故但撮叙吾國婦人社會所起各事之大概。若夫其詳。則吾日耳曼國於關係婦人之問題。或者主持保護。或者抵抗保護。其書蓋車載斗量所不能盡。

卽專係於婦人問題。而發兌之諸新聞紙。其數蓋亦甚多。不勝枚舉。今試舉其最重要者於左。則有如牛派司新聞。是爲臘柏克會婦人活動之機關報也。家婦新報。此報有二種。一則出版於柏林。一則出版於高龍。是爲吾日耳曼全國婦人社會普通之機關報也。又有一種新報。名曰日耳曼婦人之保護。是則奬勵女子。令致力於高等教育。兼且爲吾國婦人教育職業共同會之機關報也。

吾國婦人社會之活動。妾等敍述其大概。行且終篇。今當更記上節所言之婦人教育職業共同會。以爲尾聲。聊當雅奏。婦人教育職業共同會者。從吾國各地方。公同選派衆望素孚之人。以爲代議士。而相與集會之名稱也。一千八百六十九年。初次開會於柏林。其後當一千八百七十九年之夏。更開會於泰毋司陪滕及柏林。此數次之集會。將凡關係於吾國婦人社會種種之問題。皆悉心討議。而其所已經決議者。則又皆規定夫所以切實執行之方法。卽如事有應請願者。則卽向政府將請願書提出。於是當第二次集會於柏林之際。遂將諸事決定。而并撰成一通之請願書。向政府提出備案。其提出之事。一則爲當許婦人執製藥業。一則爲肄習高等教育之婦人。當給公費。一則爲凡驛遞電信等之事務。舊法禁用婦女。又凡關係於商工業之規則。舊法亦禁婦女干預。今當剷除此禁令也。

妾以爲吾日耳曼之人民。爲吾婦人社會。而向政府所要求之各事。決非過激。如所謂婦人亦當得與聞國務而議政事是爲應得之權利。亟宜盡力以要求。此種議論。爲吾國所未聞。吾國之人。所常爲婦人主張請求者。非如彼英美之人。務欲得參政自由之大權。吾國之人。所以竭力主張。而使婦人社會。能得自由之方法。惟在敎育二字而已。故今日吾婦人輩。鞠躬盡瘁。黽勉圖功之前路。恰如於春時種蒔。若夫豐饒結果。猶爲後日之所望也。

吾國婦人社會活動之情形。妾等既已畧記於左。今更當揭明其目的。以告讀者諸君。蓋吾日耳曼國婦人輩之所期望者。自一家一國以及於全人類。吾婦人輩。應悉與以適當之助力。而盡自己之責任。易一語以申明之。則卽將令凡爲婦人者。所有一切輕浮之行。以及貧困不幸恥辱等事。皆得避而愈遠。且於吾身以及他人。當悉與以利益之職務。庶令全世界之中。莫不文明開化。而人人得增進其幸福。是為吾日耳曼婦人所當盡之責任也。

立德夫人小傳

立德夫人。當一千八百二十九年十二月。生於日耳曼國沙洛勤之地。為大學博士立德氏之長女。當一千八百六十六年。與其父共設立德會於柏林。夫人蓋終其生盡力於此會者也。其明年航海至阿美利加。觀每百年之大博覽會。并徧遊合衆國諸大都會。蓋欲徧探彼國各種之集會。苟有與立德會同其目的者。則不遠千里。命駕遄征。與之商略。以共圖其會之發達。夫人之於立德會。蓋可謂其儀一心如結者也。

花爾斯克女士小傳

花爾斯克女士。當一千八百二十五年十一月二十五日。生於日耳曼國蘇勃司脫之地。千八百六十年。遊於柏林。遂應彼地新聞社之聘。而爲新聞社之社員。前後凡四年。所得之俸頗多。女士在當時。專致力於筆墨。夙夜無間。翻譯英法瑞士諸國之書。其自己之著作亦甚富。皆公布於世。其翻譯之諸書中。如彌兒氏所著之男女同權論。則於婦人社會。尤有關係。而且傳播甚廣云。

俄羅斯國

女子社會活動自助之概況

俄國齊勃売夫女士述

統計全世界婦人社會。其首先插足於醫學之領地者。當推阿美利加之一婦人。即白克慧兒女史。女史既爲之嚆矢。而其繼起者。卽吾俄國沙司陸女史。實爲婦人醫學界前鋒之第二人也。自是以往。凡經二十餘年。皆爲我國婦人磨練夫才能忍耐勇氣等之歲月。以迄於今日。而我婦人虛弱之足。雖似尙未能馳驟於彼廣漠。無垠男子社會之劇場。然遂已運步於學問之原野。而得適量吸取其新鮮之空氣。蓋今已有許多婦人輩。插其足於歐洲諸國之大學校。於此發達之一點。凡觀察我國之婦人社會者。於吾婦人社會將來之進步。不論贊成與反對。當時莫不驚愕稱歎此發達之一點。此眞足爲我國婦人社會美大之名譽。而可自誇者也。妾當旅行於日耳曼瑞典各國之際。數數受人之質問如左。曰。俄國雖不能制勝全歐洲。然女權之發達。足以償其失敗。而能如此發達之所以然者。抑究何在歟。妾今當述其所以然之原由。以告讀者。

凡物而能生存於世者。必有其根原。雖在浮泙漂藻。蓋必先發生於淤泥之根。而後方得有漂浮於流水之末。況在吾輩人類耶。如吾國婦人社會之活動。亦何獨不然。夫就我國之全社會而論。尋源於政海。挈矩於英美。則其文明之蹈步。瞠乎後矣。然而正唯此故。又反覺甚有所利。今試取譬於一家。

伯仲叔季。皆兄弟也。伯之所長。仲以爲則。仲之所長。叔以爲則。而季焉者。獨得取彼三人之所長而兼則之。夫彼英美諸先進國。則伯仲叔。而我俄國則季也。他邦之文明。我得兼取之以爲則。夫豈不甚有所利乎。

夫彼合衆國之人民。壓制既去。自由既得。以較吾俄國之人民。相去奚啻霄壤。然而我之獨裁政治。與彼之共和政治。其間更有貴族政治焉。若論貴族政治之情狀。則與專制之惡弊。相去幾何。夫如彼古大陸即歐洲之舊國。其視婦人。常以爲累世一家之奴隸。此種風習。自十八世紀。以至於文明之今日。其面目似已由漸而改。雖然。尚有阻止自由平權進步之一大妨礙物。此妨礙物。猶爲封建時之遺物。則即貴族政治之體裁是也。此體裁。至今尚未絕根於歐洲之大陸。而我俄國。則幸而此等之惡物。已不留遺。則吾俄國。轉得竊比於合衆國。而向歐洲大陸之各舊國相詡。夫是故如彼魁司氏宣告合衆國之文。妾信其可移用於我俄國之婦人社會。其文曰。謹告亞美利加之合衆國。汝則較諸古大陸。猶且爲幸。城砦匿蹤。塞壘滅跡。封建之舊物。無復留遺。有害之軋轢。從此斷絕。妾則借此文而以宣告於吾俄國曰。吾俄國貴族政治之惡習。已不留遺。夫此一端。亦較諸古大陸而猶且爲幸者也。

蓋先是我國之法律。與長子以特別之權利。及至彼得大帝。而將此法律。一概削除。自貴族以至於農商社會之間。皆不得沿用舊法。於是雖在貴族亦無長子次子之區別。其財產。則各兄弟平等均分。此則所以破壞世襲貴族體之存立。實爲扼要之手段也。於是凡爲人妻者。亦遂大有所利。蓋凡一家之遺財。若無男子承襲。則均分於女子。而爲母者亦必得分受動產四分之一。不動產七分之一。我國之寡婦孤女。既得有承受產業權之利益。其生涯自佳。如彼英國之法律。本家繼無男丁。而親戚中之男子。苟有可爲嫡嗣者。則財產直還於其人之手。而寡婦孤女。遂從其本有之家。忽被放逐。此等不幸之遭遇。則我俄國婦女所決無者也。

於吾國而公議女權之問題者。實始自新聞紙。而一千八百六十一年二月十九日。解放奴隸之一舉。則爲關係於自由各事物進步之一原因。抑活動之勃興於社會也。如潮水之汪洋泛濫。遽然而來。不知其所止。今試舉例而論。則如彼英國。因婦人活動之發生。而遂有勞役社會婦人集會之舉。此集會爲新聞紙及公會國會之一大問題也。雖然。於我俄國。則大概皆僅想像上之活動。其於實際上之活動。蓋惟三者而已。三者爲何。其一。則我國婦人皆得有左右自身財產之權利。其二。則我國婦人皆得委任朋友或親戚之有代理資格者。令彼赴投票場。而代爲選舉市區及郡縣會之議員。蓋我國婦人有選舉此二項議員之權利。其三。則因既得此選舉之權利。故彼世人及政府。所靳而不肯輕與之女子高等敎育。我俄國女子。卻能置諸安全之地。而克保其穩固不搖。

夫此三權利。經千百年星霜。而後始降於我俄國婦人社會之上。蓋可謂遲遲矣。雖然。此三權利。如彼以自由同權爲主義之英國。直至近頃而始漸得。如彼以共和政體爲組織之法國。則迄今而尙或有所不能得也。

右之三權利。我國婦人社會。雖有之矣。而至於親與子夫與妻之關係。則未有人措意及此。故仍習用古法。而毫無改變。卽爲人子女者。其父母有無限之權力。而不可不遵從。雖至年齡既長。仍不能自專身體所應有之權利。而獨行獨斷。嗚呼。吾國婦人。尙未脫服從之地位。豈不甚可歎歟。雖然。若顯然教子女以爲惡犯法。則雖父母之命。亦可不從。此則固爲世界共同之公理。無待深論也。

而若父母統御權消滅之因。則如左。其一。子女死去。其二。男子服官。其三。女子遣嫁。法律曰。凡一人不能并有夫權與父母之權。然則女子既嫁。女之父母。不能侵僭夫權。而猶以父母之權加於其女。夫之父母。亦不得侵僭夫權。而竟以父母之權。加於其媳。法律之意。固昭昭然也。

且也。婦對於夫。雖權力迥異。而父母對於子女。則權力相同。故若其母一旦而爲寡婦。則其權力萃於一身。大有昨日奴隸。今日暴君之勢。又據法令。則結婚之事。非得父母承諾。則不能行。雖然。其在今日。凡屬受教育之社會。決不實行此種束縛無理之事。此則確可爲文明進步之一証。又足以觀吾俄國年少婦人社會。莫不具有獨立之心矣。

吾國之結婚法。實爲至嚴極酷。其依普通所行之禮儀而成婚姻者。絕不可見。凡結婚姻。皆從宗教之儀式。卽所謂聖禮而成者也。而其離婚法。則又拘苦難行。蓋除二三事故之外。則無論如何之苦情。決不能允許離婚。故吾國之婚姻法。非全然一變。則決不能完善改良。妻雖受其夫不法之待遇。且夫有不道德之行爲。亦不能以此爲離婚之理由。婦人既嫁。純然如獨裁政治家之臣僕。一旦身爲人妻。則不可不純然屈服於其夫權力之下。更端而論之。則既爲人妻。卽畢生之間。無論受其夫何等暴戾殘酷之處置。亦祗可諉諸命運而已。夫雖不良。妻不得不盡妻之義務。此爲寶訓也。若其夫暴惡無道。至乎其極。不但其妻忍無可忍。而且彼顯犯國法。乃始可訴諸法廷。然而其夫雖因此得罪下獄。一旦罪期既滿。還歸於家。則其所有之夫權。依然不減。而爲之妻者。不可不仍爲之妻。蓋因吾國之法律。雖情事至於如此。而猶未足以爲離婚之理由。得蒙法廷之承諾焉故也。

甚矣。吾俄國婦人。而欲與其夫離婚。幾爲必不可能之事。蓋於法律。婦人而特許與其夫離婚者。僅有四條。然此四條中。仍皆有極拘曲之牽制。而難於實行者。其一。則夫之身體。有不完全之點。而不適爲夫婦。則許其離婚。然若果有此。則亦不可不待結婚後三年之間。能証明確無所以爲夫婦之情事。而後方許離婚。其二。則夫與他婦人姦通。則許離婚。然若果有此。亦不可不目覩其淫行。又別得二人爲証。而後方許離婚。其三。則其夫不知所往。已隔五年。有此際遇。則爲之妻者。不可不向宗敎會議而呈出結婚無效之願書。宗敎會議爲之訪問其夫。而其夫不應或不得。乃許離婚。雖然。若經人。傳說其夫將應此召喚。或則其所往之地。猶能知之。或則猶有消息可以聽聞。則卽因此些瑣無憑之口實。而屢延其裁決。卒令爲之妻者。終身孤獨。以歿於世。蓋往往而然矣。其四。則夫之公權。以故被剝。而遠貶於西伯利亞之地。有此際遇。則爲之妻者。雖亦許隨夫而行。然因於謫所所生之子女。附於最下等之種族。故當此之際。爲之妻者。得呈出離婚請願書。而若經宗敎會議許其要求。政府有司。又能証明此婦之身體。確爲潔白無罪。而許爲之出一証書。給與此婦收執。然後可以再嫁。雖然。妾於此更有一言陳述。此言非因徒欲保護吾國婦人名譽而發。蓋爲眞實可憐之情況也。夫因第四條之故。而願與其夫離婚者。吾國婦人。蓋未之有。豈無援此例以留於故國者。則皆因既有子女。如挈之以共赴彼荒漠不毛之地。則嬌弱之幼稚。終不能受。必至喪生。且留於故都。則猶冀此時得受教育之功。而他日可有立身之計。然後忍而爲此。若不然。則豈忍當此至慘之頃。而忽萌離絕之心。雖死寧相從。豈遑計及他日於彼生兒之爲何等種族。妾嘗往遊西伯里亞。立於大道之旁。觀彼囚人。躬被刑鎖。透迤而來。其後。則有蓬首徒跣之婦人。懷抱赤子。踉蹌相從。觀此而不悄然傷心。潸然流涕者。雖在忍心人。恐亦有所不能忍也。

吾國婦人。因於財產之上。得有獨立自由之權利。憑此以爲導。而其他二三種之權利。亦能連類而得。蓋卽婦人既有自已之財產。自不可不納稅於政府。故得投票。而選舉市區會議之議員。蓋因市區卽爲消費此稅之處所。雖然。投票選舉之事。有如上文所述。非婦人親赴投票場投票。而僅倩親族朋友爲代理者。赴投票場以選之也。而既已有選舉市區會議議員之權利。故亦得有選舉州郡會議議員之權利。蓋亦用與選舉市區會議議員相同之法。倩代理者投票。而選舉其議員也。

女權問題。自一千八百四十年之頃。藉澤亞羅奇山德氏所著之書籍。而始發現於吾國文明社會之中。然而是時此問題。則僅限於學者或新聞記者等區域之內。延及解放奴隸之時代。而後次第傳播於世人。至於今日。而若猶謂婦人爲無學問無精神之奴隸。以如此輕蔑之意見相視者。則惟頑愚之輩而已。彼頑愚之輩。又謂婦人之競爭。爲足以破壞社會。雖然。吾國婦人。勤求學藝。此其競爭之目的。決不在破壞社會。而僅在使己之身體與一家得以安全。吾國之婦人。非遽希望獲得自由之權利。而但先圖解脫極不自由之束縛。且其所以向社會而要求者。固非種種空想之自由。蓋所要求者。其一爲婚姻上之自由。凡爲吾國之婦人。幸而未嫁於不合己意之男子。而其身猶爲己之所有。則今後冀得握由己選擇之實權。而自由以嫁之。不幸而已嫁於不敦品行之男子。而其身既已不啻爲人之奴隸。則今後冀得切斷其束縛之鏈鎖。而自由以去之。其二爲生計上之自由。凡爲吾國之婦人。於自身生計上一切必用之事物。皆當與以便利。而得自由取求。其三爲社會上之自由。凡爲吾國之婦人。皆當占平等之地位。吾國之人。前此對於吾婦人社會。凡於上等之地位。皆與以種種之妨礙物。今當悉行除去。以上三者。凡吾國之婦人社會。蓋皆同心向吾國之人。以爲要求者也。

抑吾國婦人社會之能得高等教育。不可不歸功於空臘特夫人。彼於吾國婦人社會。大興起其活動。而其中進步之最著明者。蓋爲教育。夫於教育一事上。其舊有之種種妨礙物。蓋亦不可勝數。舉皆打勝。而後得有今日之進步。夫豈易易哉。是故今於左端。更就教育活動之一事上。而有所述。
夫吾帝國廣大無邊。以故棲息之人民。比較而見其希少。於此一點。則於教育之活動上。大得便利。而爲極好之遭逢。蓋因吾國缺乏無形之職業人。故彼無數之村落。散布於渺漠之原野者。皆苦教師與醫師之缺乏。故我輩婦人。而從事於此等之業務。非如彼人口稠密之國。必受激烈之攻擊。我國人民。卻因需用教師與醫師之故。且或以縣費。或以村費。而送女生徒於聖彼德堡府之女子醫學校。以養成醫師。又送女生徒於各地之學校。以養成教師。蓋此等之女學生。皆有預約。業成之後。必先於其所派出之州。執行業務三年也。
抑吾國之婦人社會。而與以高等教育。此其功勞。不能不歸之於空臘特夫人。蓋夫人當一千八百六十六年。集會於聖彼得堡府。撰成一書。而送於博物物理學協會之議員輩。申明婦人社會。莫不同心希望。許與以與大學校同一之學科。此夫人之書翰。更幸而落於熱心同感者之掌裏。從此時爲始。吾國之諸學士輩。日夜盡力。而冀得達此目的。至於今日。而吾國之婦人社會。終得與男學生相等。而同入於首府之大學校。蓋實此書之力是賴矣。而於聖彼得堡府。更授婦人以專門之學。則始於一千八百七十八年。當時生徒。分爲四級。而年年舉行試驗。於一千八百八十二年夏期舉行之卒業試驗。則文學歷史科之卒業生有九十九人。理學科之卒業生有六十四人。而今茲日日登講堂受課之女學生。實共有九百餘人。雖然。此等多數之女子輩。殊未得受實際之利益。何則。此等學科之目的。專養成適當之高等女學教師。然而占此地位者。唯獨男子。蓋凡學者欲爲中等學校之教員。則必須先經大學校教員當面試驗。而此等之女學生輩。則雖有應試充分之材料。而未許其得應此試驗。故女學生雖習此等之科目。而其用意。初非眞欲應此試驗也。故聖彼得堡大學校之諸博士。及女學校之監督委員輩。皆向政府請願。謂於敎員檢定試驗之事。亦當許婦人得與其列。然而至今尙未得政府之答辭。雖然。妾等信其必不能不許可。若於此項請願。猶且拒而不許。則我俄國之教育。亦何足以稱爲進步也哉。

若夫女子中等學校。則其首創者。實爲瑪利亞歷山隴羅后。后蓋倣日耳曼之司區靈中學校。而設置此校。其學期則七年。其學科則俄法德之國語及數學。其學級之較低者。則授以此數項專門學之初步。然而此校尚不足以養成入大學校之學生。實爲一大缺點。且其他各事。亦皆未足以云完全。於是乎希圖振興女子中學之諸君子。皆認許法國之女子中學。爲最善良。故特派遣一吏員。以探討其景况。今方在視察中也。

吾文部大臣。則又新設一女子中學校。其學年雖延長爲八年。而仍不能補完上述之一大缺點。蓋此校之卒業生。其學力僅足爲初等學校或本校下級之教師。政府因欲補完此項缺點。八年卒業之後。更與以三年豫備之學期。然後其學力始足以當中學校教師。而爲大學校學生也。

我俄國婦人社會之高等專門教育。以醫學爲最。先是有名婦某君者。擲五萬羅布之金。而謀創一醫學校。其規畫頗爲宏大。然此金額。猶未足以相赴。以故金既垂盡。校猶未成。勢幾中絕。而幸得軍務大臣之保護。乃獲落成。軍務大臣保護此校。亦自有其目的。蓋希望婦人肯爲陸海軍之醫師。軍務大臣如此之希望。亦非無因而至。蓋於先時戰爭之際。吾軍有二十人之女醫師隨行。親臨諸處之戰塲。設立醫院。悉心治療。及夫惡疫流行。此項女醫師。更奮力於其業務。兼有勇氣熟練親切之諸美德。於是大奏厥功。先皇帝陛下。乃大稱許婦人之宜於醫術。於是愈用意於此。而圖其業之盛大發達。自昔日如此之情勢。以至於今茲。爲時僅七年。而今日於聖彼德堡。有五十二人之女醫師。於全俄國。有二百五十人之女醫師。嗚呼。夫僅僅經七年之星霜。而已見有如許之女醫師。況更有許多婦人。前赴他國。而學於智利柏林巴黎之諸大學校。皆專力研究醫學。然則他時我俄巾幗中。醫家之名手輩出。不預可決也哉。

此外於聖彼得堡。則更有圖畫學校。無論男女。皆許入學。此校蓋由美術家及美術賛成家之助力而設者也。又有女子職工學校。教少女以種種之職業。此則係政府之所創立者也。

且夫公立初等學校之設。實可謂爲吾國婦人社會廣開職業之途。雖然。以其教師之俸給。非常菲薄。故男子不能與競爭。往往去而更求其他之職業。獨有年少之婦人輩。則不顧俸給之薄。而熱心勤勉。以執此職務。彼往就僻陬之地方。而擔任女教師之職務者。當嚴冬數月之間。與他世界之交通。竟全然隔絕。而以數時間最奮勉之勤勞。乃受區區最微少之俸給。蓋因生徒少。故俸給從而少也。一卷之書不得展。一葉新聞紙不得閱。幽居小室。敝衣麤食。僅以得保其生爲幸。如此情形。豈不深可憐憫哉。至於醫業亦然。夫假令吾國一旦開悟。而許我婦人輩能修一切學業。能應一切考試。則豈不甚幸。而若今日。則吾國婦女。爲教師既可憐如彼。爲醫師又見窘如此。蓋吾國婦女之爲醫師者。猶以法律制限之故。而不能爲純然之醫師。其資格但足爲婦孺之療治人而已。雖然。吾國蓋有十五里內。而不見一醫之地。如此僻邑。則無論男女人民。女醫皆得治療之。故女醫之不幸。乃可謂此等人民之大幸也。

距今數年前。吾國之婦人社會。謀欲抉開法律之門戶而入之。於是乎大有所企圖。而吾國自經法院改良。代言人組織設立之後。於彼法院。曾有兼用婦人之事。再則學士輩曾於聖彼得堡。而爲婦人撰法律之講義。三則某婦人因欲專修法律學之故。而赴外國。入某大學校。雖然。卒以政府禁止立法官使用婦人爲書吏之故。此等舉動。遂僅見其有萌芽。而不更見其能發達。政府使用婦人。僅於官職中之第四部。然後許可。卽皇后之宮省是也。若夫鐵道電信等之新事業。婦人雖亦稍稍得與其列。然如電信之事業。婦女僅得充當受授或收取等之職務。事情煩瑣。而俸給卑廉。如彼書記等之職務。其業實較容易。其俸又較高厚。然而此等之地位。則更不見有使用我婦女之輩者也。

若夫學術之諸協會。則皆寬然容許我輩婦人入會。如聖彼德堡之法律協會。於其會員之中。則有靄華麗諾女史。女史蓋曾卒業於巴黎之大學校。而得有法律博士之學位者也。又如醫術協會。亦不厭與女醫爲夥件。而我婦女輩。爲此協會中之會員者頗多。如彼大有盛名之女醫師。司孤屋爾女史。亦爲此協會中之會員。女史蓋嘗爲巴黎最負盛名之醫學博士嘉闍脫君所稱揚推許。而我國人人所爭仰其才能者也。

我國婦人輩。得與男子立於同等之地位。則惟有學術界而已。蓋我國之婦人社會。固得爲教育雜誌。小兒新聞。電信雜報等之記者。且若經檢定官檢定而後。則此等之雜誌。卽自行出版。亦無不可。以故於吾國之首府。前此爲婦人所出版者。已有六七種之小兒新聞及教育雜誌。又有一二種之文學政事新報。而今後且日見其增出。可逆料而無疑也。

小說爲文學之一派。而吾國婦人。於此事最得名譽。蓋自吾國最有名之小說家。拖爾齊夫及拖爾司衣之後。繼起而爲小說家。足以向他國揚吾文學界之名譽者。卽有一婦人焉此人爲誰。則號稱斯托斯屋。而身爲烏司寇之夫人者是也夫人曾於三十年之間。而著出許多優美高尙之小說。蓋小說之命脈。似與時勢之進步爲反比例。時勢益進。小說益衰。而獨夫人之小說則不然。恰爲正比例。小說之度。與文明之度。卻見其共進而愈高。此實可稱爲世界之奇觀。而天才所獨擅者也。妾以爲歐洲大陸羣女子之文才學識。實未見有能出其右者。此固非妾一人之私言。而久已爲世界人人之。定論。夫其簡短之說話。較諸長密者。卻倍覺有味。而其目的之所在。則皆指點吾國社會之狀況。而又爲之解明其所以然。且一經其筆端之描畫。情景逼眞。栩栩欲活。而其所言。則又皆含有高尚之思想。若夫其所借以組織成書之人。則或爲委身學海者。或爲爲國舍身者。或爲愛好道德。敦龐風化者。又皆不軌於正。足以砭世厲俗。懲惡勸善。而其異樣之光華。乃自一團嶄新之精神間潰溢而出。斯爲奇也。

抑吾國婦人社會之活動。頗有異於英美諸國者。吾國婦人社會所求之活動。不僅拘於婦人社會之一部分。而廣圖社會全體。克樹其獨立之基礎。若彼英美之婦人輩。則唯須求。婦人輩自已之權利幸福。得以安全而已。以故或假名於政治。或託事於宗教。而可以奏一時之效。而我國之婦人輩。其所秉之政策則不然。我國婦人輩。既知人生所應有而不可缺之權利。實爲天賦。則必先求吾國全社會之人。人人皆能眞守其自治與獨立之天則。而確可以保持夫己身及家國之安寧。然後我婦人社會之進步。方得與之以偕行焉。此則爲吾國婦人社會活動之別一性質也。

齊勃壳夫女士小傳

齊勃壳夫女士。當一千八百三十五年。生於科倫斯德之地。幼即穎敏好學。博涉羣書。能文章。於一千八百七十五年。推爲俄國教育雜誌長。遂以翰墨自任。所譯英法德諸國之書極多。其自著。則有題爲「吾儕與祖母」之一書。精論人生進化之故。皆行於世。

荷蘭國

女子社會活動自助之概况

荷國嘉爾嘉夫人述

婦人應放釋。婦人之權利應保護。方此論之起於亞美利加。而波及於吾歐羅巴洲也。吾荷蘭國之婦人輩。慊然相謂曰。誰實向吾婦人社會。而猥用此無禮之文字。吾儕非奴隸。非刑囚。天賦之權利自在。彼何爲者。而猥以放釋之語相加耶。蓋當時吾國之婦人輩。初不自覺被困被拘。實有其事。故反與放釋之文字相抵抗。而若向男子爭論婦人之權利爲何物。則反以爲不必。亦且無用也。而况當時吾國之新聞紙上。亦皆徒然痛論此放釋之文字爲汚辱。至如婦人與男子當有同等之智識與否。此種問題。則皆置而不論。雖然。於此習慣保守癖之荷蘭人中。亦未嘗不有懷千里之志。而屈抑於糟櫪之間者。則早莫不昂首悲嘶。而思展驥足矣。
抑吾國婦人。除盡其本分中之義務。卽對於其夫及其子。而加之以注意調護協力扶助以外。獨有一事。爲自古以來未受社會之反論者。卽施行仁惠是也。以故吾國婦人。旣有擴張其權利之志。則將憑施行仁惠救助貧困之事業以爲始。而實行其手段焉。於是乎先設爲種種之方法。而盡力企圖夫慈善事業之發達矣。雖然。吾國之風習。除布施仁惠以外。其他事業。而許婦女執行者。更無一端。距今二十年前猶然也。吾國人之輕視婦人社會蓋如此。雖然。吾婦人社會中。亦有一非常之人。卓然興起。而爲記此文者之所得見矣。其人爲誰。蓋卽琦耳琛夫人是也。夫人蓋首先從吾國歷史之中。

撮取其事。而著成一活潑之小說。濺其滿腔熱血於一支銳筆之尖端。以諷切時事。於是乎有許多之婦人。皆起而相和。亦以活潑之筆鋒。將妨礙婦女智力發達之僻見。合力攻擊。我婦人社會坦白之公論。然後大抒矣。

一千八百五十六年。秘魯國之勃耳塞溫麥崙霍爾士伯爵之夫人。向諸國回航遊說。以次而來至吾國。乃向吾國之婦人社會。而有所告語曰。婦人者。不特爲其子孫軀體之母。亦爲其子孫道德與智慧之母。是不可以不深長思也。嗚呼。噫嘻。自有夫人來吾國。吾國婦人社會之歷史上。然後乃生一紀年之令節。當時吾荷蘭國。及與吾荷蘭相近之國。皆未有婦人演說講談之會。有之。蓋實自夫人開其始。況夫人辯才雄健。尤足以覺醒沈迷。於是乎爲吾國社會矯正一切之陋俗僻見。能使頑固家聞之而顛首領悟。則於不知不覺之間。已增無限之幸福矣。況彼高等教育之重關。吾國婦人所欲入而無路者。實賴夫人之舌鋒。打通一大破口。而指麾吾輩以先登。故吾荷蘭婦人。苟矢至願。而欲吾婦人社會。得有眞實之進步。且又得依乎正道。而成就此眞實之進步。則此夫人之榮名。須永置於胸裏。而不可或忘也。

此難得之貴夫人。爲吾國婦人社會之先導者旣如此。乃未幾而將離去吾國。臨歧話別。余旣悲今日相離之速。更思他日再得相逢之不可預期。握手低徊。欷歔流涕。愈不勝其思慕景仰之忱矣。自此以還。妾誓欲不負夫人之婆心苦志。乃奮然思以教育爲己任。屢登演臺。陳論婦人與教育之關係。其大要曰。凡我婦人。不可不思爲自身。并爲子孫。而速將一己與全團體之教育改良。如此痛論。冀以覺醒羣睡。當時吾荷蘭國婦人社會中之登演壇者。實自妾開其始。妾又與親友協謀。而設立課授女子以高等教育之一校。

當此之時。有一寡婦。實爲尼侶。名曰斯脫羅姆夫人。曾多年留居於阿美利加。適幸其言返故國。并賚歸合衆國種種之教育報。以故合衆國爲少女而設之善良教育法。亦隨之而歸。且也。夫人既歸國。則日夜爲吾國婦人社會。講演新世界之所聞所見。并力勸妾等倣效合衆國之例。而速爲女子設立高等工業學校。於是乎妾等深感其說。協力經營。迄於今日。於女子工業之一點。雖遠不能如合衆國發達之盛大。而若少女工業學校。則於吾國亦得見之矣。

夫距今二十年以前。若謂婦人而可爲製藥師、時計匠、驛遞局書吏、鐵道電信局屬吏、及尤重視之醫師。則斷乎無人能信。雖然。今則婦人而爲此等之職業者。已日見其增多。是爲一端之佳況也。再則數年前吾國婦人社會之有志者。請於政府。而設立一美術學校。不論男女。皆許入學。三則二三年前。吾國於郁阿爾墩。開設婦人工業美術展覽會。又於亞厤爾泰。開設婦人讀書會。凡此諸端。則皆足徵吾國婦人社會活動之進步者也。

今試更徵驗吾婦人社會之活動於新聞雜誌。夫吾國舊有之新聞雜誌。皆竭力以抵抗吾婦人社會之活動爲宗旨。故於吾黨。生大不利益。吾黨因思不得不自創一新聞紙。以爲機關而抵制之。於是有丕脫雪璞女士者。首創一週報。名曰婦人之呌喚。其後爲他種雜誌。名曰婦人之競爭者所壓倒。僅二年而廢刊。雖然。繼此而代興者。則有保護婦人生計之一會社出現。卽烏羅蔭諸會社是也。此會社之目的。導貧困貴婦人以戶內之職業。其後更於市中設一商店。發售其製出之物品。此有益之會社及店。至今尙在焉。而更有題爲家妻之一雜誌。亦繼婦人之呌喚而起。是則爲阿姆斯塔夫人之所發行者也。此雜誌之體製。專以議論關於婦人內政之事。登於前幅。而以議論關於婦人權利之事。登於後幅。而當時更有極負盛名。號稱爲雋才之薛愛姆女士。於陸篤大樸地方。發行一少女雜誌。夫此等之諸雜誌。苟與吾全國之人民相爲比例。則固極不滿足。未可以云完備。然而亦聊足見吾國婦人社會之於新聞雜誌一事。亦既逡巡而漸開其端緒焉云耳。夫妾則望此等之諸雜誌。更爭相勉勵。以逞其論鋒。庶幾他日各新聞社得交互結合。而更發行一可以爲吾全國婦人社會活動上一大耳目之大新報或大雜誌。則尤善也。

今試更於學藝家。而徵驗吾婦人社會之活動。則有如喀齊婦諾溫黎司女士者。不特以文學上之著作。馳名於世。而更以音樂專家聞。女士振敏腕以作傳記。弄豔筆而綴樂譜。其所出版之書甚多。皆已爲世所知。無庸枚舉。然女士近更凝心於美術。旁搜博採。而著一書。名曰和蘭秀彥文集。是爲其最新出版之書。亦良著也。又有如愛彌代蘿女士者。精通植物學。且以熟練此學之教授法馳名於世。女士因欲以此學教授婦人而著一書。名曰田舍娘子之書翰。女士今則爲射斯槐羅過報之記者。夫吾國如上所述文才秀逸識見卓越之賢夫人。更復不少。於此不過類舉一二以爲例。雖然。惜其所挾持。而以顯長於當世者。域於一藝一能。若夫時勢之如何。不遑兼顧。此則爲妾所遺憾不堪者耳。

若論吾國婦女社會。於教育上各種之利益。而欲得與男子同等享受。則固非一朝一夕所能企。雖然。綜觀今日吾國之全局。則於女子教育一事。亦已大爲改良。凡有智識權力之女子。往往相與協力。而設立女子高等學校。各都會日見其增加。以故妾等皆以爲爲時不遠。而於吾國。可以見受高等教育之女子衆多矣。雖然。妾等猶有所惜。蓋今日吾國女子之高等教育。猶未得爲全備。何則。今日之教育。於婦人之性質運命。及與男子相異之點。猶未少加注意。而其學科。猶悉與男子相同。且專以攻習英法德三隣國之國語。而費其時間。若夫希臘羅甸語。則幾全不過問。迄於今日。妾所得相與交遊之諸女子。其中曾學希臘羅甸語者。僅有三人而已。抑余非過激之批評家。不可不持平論事。故以爲綜觀今日吾國之全局。則於吾婦女社會教育之一事。比諸前日。其區域固已由漸恢廣矣。

至於吾國婦人社會對於法律之情況。則與法國相同。蓋吾國婦人。專心服從舊法典。頗有類乎法國婦人。專心服從拿破崙法典。夫既有如此之弊風。則獨以爲女子亦當與男子受政治上同一之權利。如此其人者。比較之餘。我見其爲數甚少。而此甚少之數中。則皆爲廣有土地。身爲地主之婦人。夫此輩婦人。何以獨深抱不平。而覺婦女之不應橫遭蔑視如此。則有故焉。蓋以其田圃中所使用之農夫輩。皆有投票權。自顧己身。實爲家長。乃徒以婦人故。而此權反不能得。斯不能不有所感觸也。雖然。此等之婦人。其心中常思男女皆人。乃於法律上强爲區別。決非正道。斯固然矣。然以無勇氣之故。終不能奮然前進。而向吾全國之人民。要求改良此等之法律。且吾國之婦人社會。因其尙未能確然認知己身實有天賦之才能與權力。故不論設立如何之會社。其會長書記等之要職。必讓諸男人。豈不可歎。

吾荷蘭有大妨礙於婦人社會活動之一端。則無過於上等社會之婦女。此等婦女。迄於今日。猶依然拘泥疇昔之舊習。而不肯取新法以改良。夫吾國教育上之活動。試較諸二十年前。則既已大有進步。今日我國之女學校。敢自謂不讓他國。雖然。吾婦人社會。因有此等學校。而其所享受之利益。果爲何如乎。則惟有中等社會婦女所享受之利益爲最多。下等社會。於此學校之利益。雖亦非不稍稍享受。而遠不及中等社會。若吾國不行强迫教育。則於吾婦人社會之下流。不免依然猶見有矇昧之輩。而至於上等社會之女子。則獨最與我國近代之新教育爲風馬牛不相及。一惟疇昔卑陋之教訓是守。而以爲滿足。夫豈非痼疾浸入之最深者。實爲彼輩。所以不易遷改也歟。

嗚呼。吾儕碎其腦髓。而爲吾國婦人社會布改良之種子。旣已如是其多。而迄今試觀所得之結果。何尙如是其少。則有故焉。吾儕所得盡力者。不過聊以間接之方法。而訴女子與男子。其所處之地位。爲甚不公平而已。夫豈有直接於社會之實權哉。吾國喀石立諾渾利司女士。曾著一書。其體裁爲小說。名曰「情長情短。」其中蓋言判決男女道德上之罪過。而痛責國法及輿論。常對於婦女。而行極不公平之道。且也。不但判罪之法。顯有出入。而行罰之法。更大有重輕。此書言之。極爲確鑿。諸君試一讀。則可以知吾婦人社會進步之多所阻滯。蓋紿有攸歸矣。

且夫吾荷蘭國婦人社會之進步。而欲得十分滿足。蓋在後世。後進之人。不可不勉。若夫妾等今日。但對於人生應有之權利。而力求得處可以自持之地位。幷求得夫因欲使才智十分發達。而所必不可少之自由。抑妾等敬勸而又切望吾輩婦人。凡於與吾輩婦人之性質及命運。確爲相關之各事物。而吾輩婦人欲得享受其十分適當之點。則不可不倍加銳敏。倍加善良。以切磋琢磨其自然生成無限至貴之能力。

庶幾可與男子結合最高尚之交際。而克將天賦之女權。保持完全。然後可相與攜手駢肩。而同達於人類世界最純粹極樂之境域也已。

譯者按尋常普通教育。荷國殆男女同受。故文中但諄諄以設立高等學校爲重也。

嘉爾嘉夫人畧傳

夫人當一千八百二十二年。生於亞厤司的爾泰模府。其平生議論高邁。識見卓越。常與四方女丈夫往來。而尤以誘導後進。改良社會。建立轉移風化之鴻業爲己任。佩其言德。仰其丰徽。而心悅誠服之者。幾及荷蘭全國人數之半。蓋當時名望。無有能出其右者也。嘗著稗史一編。名曰化民。大行於世。海牙府之國界雜報。亦爲夫人之筆。若夫更就其所建之業務而論。則甚多宏大之業。本傳以限於篇幅。暫置不論。留待他日。當爲專叙焉云爾。

光緒三十一年五月初版印刷
同　年六月初版發行

（世界女權發達史）
每部售洋八角

著作者　上海王維祺
發行者　上海文明書局
上海四馬路胡家宅
印刷所　文明書局活版所
上海棋盤街北段
發行所　文明書局發行所
北京琉璃廠
發行所　北京文明書局
漢口黃陂街打扣巷對面
發行所　漢口文明書局

欽差大臣太子少保兵部尚書兼都察院右都御史辦理北洋通商事務直隸總督部堂袁

咨明事據戶部郎中廉泉具禀京城設立文明分局由滬運京各書請豁免水脚並請各省保護版權等情到本督部堂據此除批據禀該員在滬設立文明書局編譯教科并新學各書復於京師設立分局以便士林請將由滬運京各書概行豁免水脚查招商局輪船裝運官書向免半價現在興學爲自强根本但能全免卽可照辦候行該局核議詳覆飭遵至該局編譯印行各書無論官私局所概禁翻印以保版權並候分咨各省督撫院轉行遵照抄由批發等因印發外相應咨明 貴部堂院煩請查照施行須至咨者

光緒二十八年十二月 日